Johann Ludwig Schlosser

Nachricht an das Publikum

betreffend des Joh. Melch. Goeze theologische Untersuchung der

Sittlichkeit der heutigen teutschen Schaubühne. Zweite Auflage

Johann Ludwig Schlosser

Nachricht an das Publikum
betreffend des Joh. Melch. Goeze theologische Untersuchung der Sittlichkeit der heutigen teutschen Schaubühne. Zweite Auflage

ISBN/EAN: 9783743603943

Hergestellt in Europa, USA, Kanada, Australien, Japan

Cover: Foto ©Lupo / pixelio.de

Weitere Bücher finden Sie auf **www.hansebooks.com**

Johann Ludwig Schlossers
Pastors in Bergedorf

Nachricht
t das Publicum

betreffend

s Hamburgischen Herrn Pastors und
Seniors

rn Johann Melchior Goeze

theologische

Intersuchung der Sittlichkeit

der heutigen

itschen Schaubühne

sammt einigen Anmerkungen

den Werth dieser Schrift.

weite Auflage.

Hamburg 1769.

Friedrich Ludwig Gleditsch.

Mit dem äuſſerſten Widerwillen er-
greife ich die Feder zu meiner
Vertheidigung, da ich mich dabey genöthigt ſehe, einen Mann
von einer gar nicht vortheilhaf-
ten Seite zu zeigen, der ein wichtiges Lehramt in
der chriſtlichen Kirche bekleidet, und es einmahl
bey der Denkungsart der meiſten Menſchen nicht
möglich iſt, die Fehler der Geiſtlichen aufzudecken,
ohne dadurch den Eindruck der Lehren, die ſie predigen, zufälligerweiſe zu ſchwächen. Aber, da
ich nothwendig beſorgen muß, daß viele mein Still-
ſchweigen als das Bewuſtſeyn einer ſchlimmen Sache auslegen, oder wenigſtens zweifelhaft ſeyn würden, was ſie davon denken ſollten; da auf dieſe
Weiſe leicht der Segen meines Amts bey meiner
Gemeine gehindert werden könnte: ſo glaube ich,
daß ich verpflichtet bin, zu meiner Vertheidigung
ſelbſt zu reden. Dieß kann aber nicht beſſer geſche-

        A   hen,

hen, als wenn ich dem Publicum von dem ganzen Vorgange, der die auf dem Titel angezeigte Schrift veranlaßt hat, umständliche Nachricht gebe.

Nichts kann mich verbinden, davon zu schweigen, da mein Gegner selbst den Vergleich, den ich mit ihm eingegangen bin, durch die offenbaren Persönlichkeiten, womit diese Schrift erfüllt ist, gebrochen, seine mir gegebene Erklärung durch seine Entscheidungen in dieser Schrift wirklich widerrufen, und mich also auch von meinem Versprechen, die Sache ruhen lassen, entbunden hat.

Ich bitte aber meine Leser zum voraus wegen der Weitläuftigkeit dieser Nachricht um Verzeihung. Die Anführung der kleinen Umstände scheint mir nöthig, um das schlechte Verfahren meines Gegners sowol, als auch meine Unschuld und Bereitwilligkeit, die Sache ohne öffentliches Aufsehen beyzulegen, ins Licht zu stellen.

In meinen Schul- und akademischen Jahren wandte ich einige meiner Erholungsstunden von ernsthaftern Arbeiten auf die Verfertigung einiger teutschen Schauspiele, von welchen ich das erste schon im Jahr 1758. der teutschen Gesellschaft in Jena vorlas; zu einer Zeit, da mein mir unvergeßlicher Lehrer, der sel. Doctor und Professor der Gottesgelahrtheit, Karl Gotthelf Müller, Aeltester dieser Gesellschaft war, der diese Arbeit einem künftigen Gottesgelehrten so wenig unanständig fand, daß er mich vielmehr zu ähnlichen ermunterte. Als ich nach meiner Vaterstadt wieder zurückgekommen war, theilte ich diese Stücke im Manuscript

nuscript einigen wenigen vertrauten Freunden mit;
auf deren Verschwiegenheit ich mich verlassen konnte.
Einer unter denselben fragte mich, ob ich sie nicht
aufführen lassen wollte: und da ich gewiß versichert
bin, daß in denselben nichts enthalten ist, was der
reinsten Tugend entgegen wäre; so hatte ich kein
anderes Bedenken dabey, als die Besorgniß, daß
mein Name bekannt werden, und manche wegen
des herrschenden Vorurtheils einen Anstoß daran
nehmen würden. Mein Freund hob dieß Bedenken durch die Versicherung seiner genauesten Sorgfalt in Verbergung meines Namens, und meine
Stücke wurden der Ackermannischen Gesellschaft
übergeben, welche auch zwey davon, nämlich den
Zweykampf und die Maskerade, aufführte, aber
erst zu der Zeit, wie ich schon zum Prediger er-
wählt war; daher ich sie selbst nicht gesehen habe,
weil ich, welches ich hier beyläufig zu versichern für
nöthig halte, den Schauplatz, seitdem ich im Amte
bin, niemahls besucht habe. Eben dieser Freund
verlangte auch nachher meine Einwilligung zum
Druck dieser Lustspiele, mit wiederhohlter Versicherung der genauesten Sorgfalt in Verbergung meines Namens, und ich gab dieselbe so viel williger,
weil ich doch, da sie einmahl in den Händen der
Komödianten waren, ihren Druck, und vielleicht
einen sehr fehlerhaften Abdruck derselben, nicht mehr
verhindern konnte.

Indessen blieb mein Name nicht so unbekannt,
als ich es hoffte und wünschte. Da ich in die Verschwiegenheit meiner Freunde nicht das geringste

Miß-

Mißtrauen setze; so kann ich nicht anders vermu-
then, als daß irgend jemand, der meine Vorle-
sungen in der teutschen Gesellschaft zu Jena gehört
hat, sich derselben bey der Vorstellung, oder bey
dem Lesen dieser Stücke, erinnert, und mich als
den Verfasser bekannt gemacht habe. Man sagte
sich dieß in Hamburg ins Ohr; ich hoffte aber doch
noch immer, daß man Achtung genug gegen die
gewöhnliche Denkungsart unserer Zeit haben, und
es nicht in öffentlichem Drucke thun werde. Allein ich fand mit großem Mißfallen meinen Namen
in der Hällischen Bibliotheck, und erfuhr, daß
derselbe schon vorher von Herrn Schmid in der
Theorie der Poesie genannt sey. Man wird es
mir auch hoffentlich ohne Versicherung glauben,
daß ich an der in jener Bibliotheck befindlichen
Spötterey über das Leipziger und Hamburger Ministerium weder Antheil noch Gefallen habe.

Diese Unschuld aber schützte mich nicht vor einem äusserst feindseligen Angriff auf meine Ehre,
den der Verfasser doch nachher mit seinem gerech-
ten Schmerz über die Spötterey des Hällischen Re-
censenten beschönigen wollte. Ein Ungenannter
ließ den 30 December des vorigen Jahrs in die
Hamburgischen Nachrichten aus dem Reiche der
Gelehrsamkeit ein ehrenrühriges Pasquill auf mich
einrücken, worin er nicht allein mit dem boshafte-
sten Spotte sich über die Verfertigung meiner Komödien lustig machte, sondern auch mich überhaupt
als den nichtswürdigsten Menschen vorstellte, der
sich nie mit Ernst auf die Theologie gelegt, dadurch
nur

9

nur Brodt gesucht, und seine Beförderung gewis-
senlosen Gönnern zu danken habe.

Mir kam dieser Aufsatz, da ich die Ziegraischen
Zeitungen nicht lese, erst spät zu Gesicht. Wie
sehr derselbe mich gekränkt habe, kann ein jeder
leicht schliessen, der empfindet, was für eine zarte
Sache überhaupt der gute Name, und vorzüglich
bey einem Prediger ist, dem wegen seines Amtes
auch das Urtheil derer äusserst wichtig seyn muß,
die nie selbst zu urtheilen, sondern nur nachzuspre-
chen gewohnt sind.

Indessen hatte ich das Vergnügen, zu sehen,
daß dieß Pasquill von dem Publicum mit einem
sehr allgemeinen Unwillen aufgenommen wurde; und
die darüber in den Hamburgischen politischen Zeitungen, die nicht, wie die Ziegraische, ohne obrig-
keitliche Censur gedruckt werden, gefällten Urtheile
sind ein Beweis davon.

Ich war anfänglich unschlüssig, wie ich mich
bey diesem Angriffe verhalten sollte; und nach sorgfältiger Ueberlegung fand ich es für nöthig, alles
anzuwenden, um meinen Verläumder kennen zu
lernen, damit ich von demselben die schuldige Genugthuung erhalten könnte. Da ich mich aber hiebey nicht durch Rachsucht, sondern bloß durch die
Pflicht der Selbstvertheidigung leiten ließ: so ver-
suchte ich die gelindesten Mittel zu meinem Zwecke
zu gelangen. Ich bat einen meiner vertrautesten
Freunde, der ein Rechtsgelehrter ist, den Herrn
Magister Ziegra zu besuchen, um von ihm in Gü-
the den Namen des Verfassers zu erfahren.

A 3   Mein

Mein Freund that dieß den 25sten Januar dieses Jahrs, und erhielt von Herrn Ziegra die Antwort: Er hätte überhaupt die Verbindlichkeit, die
Namen der Mitarbeiter seiner Zeitung zu verschwei-
gen; bey diesem Aufsaße aber wäre ihm die Verschwiegenheit noch besonders aufs stärkste anem-
pfohlen; wenn es ihm aber von seiner Obrigkeit
befohlen würde, so wäre er so willig als schuldig,
den Verfasser zu nennen; er wolle aber doch, ehe
dieser Schritt geschähe, an denselben deswegen
schreiben. — Dieses Versprechen erfüllte er, und
schrieb noch denselben Abend an meinen Freund:
Er habe von dem Briefsteller die Antwort erhalten: „Daß er schon von freyen Stücken entschlos-
„sen gewesen, binnen 14 Tagen eine mildere Er-
„klärung in den Hamb. Nachrichten von sich zu ge-
„ben, nachdem er von verschiedenen Umständen nä-
„here Nachrichten bekommen. —

Ich will es dem Urtheil eines jeden Lesers überlassen, ob es wahrscheinlich ist, daß dieser Entschluß des Verfassers vier Wochen nach seinem Angriffe von freyen Stücken entstanden sey, und ob
nicht vielmehr nur die Furcht, entdeckt zu werden,
ihn dazu bewogen habe. Es mochte aber darum
seyn wie es wollte, so war es mir unmöglich, bloß
mit einer mildern Erklärung zufrieden zu seyn, da
schon dieser Ausdruck zu erkennen gab, daß der
Verfasser sich ein gewisses Ansehen über mich geben, und in der Hauptsache noch immer Recht be-
halten wollte. Ich mußte mich also entschließen,
die Bekanntmachung meines Verläumders gerichtlich,

lich zu suchen, und ließ diesen Entschluß den Herrn Magister Ziegra wissen. Dieß bewog den Verfasser mit seiner sogenannten mildern Erklärung, die er erst in 14 Tagen liefern wollte, so zu eilen, daß sie schon am dritten Tage nachher, den 27 Januar, in der Druckerey war, und am 31sten in der Ziegraischen Zeitung erschien.

Der Erfolg bestätigte, was ich vorhergesehen hatte, und dieser zweyte Aufsatz war nicht eine Genugthuung wegen des erstern, sondern vielmehr ein neuer Angriff. Die fromme Miene, die der Verfasser statt der ironischen annahm, war sehr geschickt, einfältige Leute auf seine Seite zu ziehen, und alle Ausdrücke stunden so sehr auf Schrauben, daß nicht eine einzige der gegen mich ausgestoßenen Verläumdungen eigentlich widerrufen war; nur einige Ausdrücke, nur der Ton, nur die Art des Vortrages, nicht der Angriff selbst, ward für unrecht erkannt. Da also nur dieser Aufsatz mein Entschluß gar nicht geändert werden konnte, so machte ich die Sache bey dem Hochwürdigen Hamburgischen Domkapitel anhängig, unter dessen Gerichtsbarkeit Herr Ziegra steht.

Bald darauf erschien die Vertheidigungsschrift des Herrn Professor Nöltings, die mir ein so viel stärkerer Beweis seiner fortdaurenden Freundschaft gegen mich war, weil ich in länger als Jahresfrist ihn weder gesprochen, noch an ihn geschrieben, und ihn auch auf keine Art oder Weise durch andre zu dieser Vertheidigung veranlaßt hatte, so daß ich wenig Tage vorher, ehe ich sie gedruckt erhielt,

A 4   noch

8

noch keine Syllbe davon wußte. Ich weiß zwar,
daß es Leute giebt, die dieß mir so wenig, als ihm,
glauben werden; aber ich weiß auch, daß sie damit eben keine edle Denkungsart verrathen.

Unterdessen war doch, so sehr sich auch immer
der Verfasser jener Aufsätze bemühet hatte, verbor-
gen zu bleiben, sein Name hin und wieder genannt,
und einige wollten seine Schreibart in dem letzten
Aufsatze deutlich erkennen. Ich konnte es aber lange
nicht von mir erhalten, diesen Vermuthungen Glauben beyzumessen, so viel sie auch für sich hatten.
Es war mir zwar nicht unbekannt, daß der Herr
Senior Goeze in Ansehung der Ergötzungen sehr
strenge Grundsätze vortrage, und das ich auch schon
wegen meines vertrauten Umganges mit einem der
rechtschaffensten und beliebtesten Prediger in Hamburg ihm mißfällig wäre: dennoch aber konnte ich
mir unmöglich einbilden, daß ein so feindseliger
Angriff von einem Manne herrühre, der bey dem
geringsten Anlasse die häufigsten Klagen über hämi-
sche Recensionen zu führen pflegt; von einem
Manne, der mir als Candidaten, (ob es ihm gleich
gewiß nicht unbekannt war, daß ich als solcher die
Kömödien besuchte und Karten spielte) wiederhohlte
Versicherungen seiner Bereitwilligkeit zu meiner
Beförderung das Seine beyzutragen, gegeben
hatte; der mir als Prediger oft bezeugte, wie sehr
er bedaure, daß er zu meiner Wahl, die lediglich
von dem Hochweisen Rath der Stadt Hamburg ab-
hieng, nichts habe beytragen können; von einem
Manne, der mir noch ein Paar Monate vor diesem

sem Angriff seine vorzügliche Achtung mit den stärk‐
sten Ausdrücken versichert hatte; von einem Manne,
den man eben wegen seines Amtes eines so nieder‐
trächtigen Angriffes gegen einen Amtsbruder am
wenigsten fähig halten mußte. Ob sich aber gleich
die Umstände, die den Verfasser kenntlich machten,
immer vermehrten; so reichten sie doch nicht zu,
um von demselben eine Genugthuung zu fordern,
und ich mußte also die gerichtliche Bekanntmachung
erwarten.

Ehe es aber so weit kam, traten zwo der ange‐
sehensten Personen in Hamburg ins Mittel, und
äusserten gegen meinen Advocaten, wie sehr sie we‐
gen des großen Aergernisses wünschten, daß der
Name des Verfassers nicht öffentlich bekannt wer‐
den möchte; daß sie ihn dahin vermögen wollten,
mir in einem eigenhändigen Briefe eine hinlängli‐
che Genugthuung zu geben, wenn ich alsdenn die
Sache nicht weiter treiben, und ihn schriftlich ver‐
sichern wollte, daß ich mit seiner Erklärung zufrie‐
den sey.

Da ich nicht die Schande meines Gegners suchte;
so nahm ich diese Vermittelung sehr gern an, und
machte nur die Bedingung dabey, daß ich vorher
den Entwurf seines Briefes sehen müßte, um ur‐
theilen zu können, ob die Erklärung auch hinläng‐
lich sey, und daß sein Brief sowol, als meine Ant‐
wort, jedoch jener, um seinen Namen nicht öffent‐
lich bekannt zu machen, ohne Unterschrift, in den
öffentlichen Blättern abgedruckt werden müßte.
Wie nöthig die erste Vorsicht gewesen war, er‐

kannte

kannte ich bald. Denn der erste Entwurf, der mir
vorgelegt wurde, war gar nicht so beschaffen, daß
ich damit zufrieden seyn konnte; indem, um nur
einen Punkt anzuführen, der Verfasser darin immer nur von einem Aufsatze wider mich redete, und
also das Unrecht, das er mir durch den zweyten
aufs neue zugefügt hatte, weder anerkannte, noch
zurücknahm. Ich schickte also diesen Entwurf mit
Anzeige der nöthigen Aenderungen zurück, und erhielt darauf folgenden Brief mit eigner Hand und
Unterschrift des Herrn Seniors.

Hochwohlehrwürdiger rc.

Da ich niemalen die geringste persönliche
Widrigkeit gegen E. H. gehabt, und
zu haben Ursach gehabt; so kann ich mich um
so viel leichter entschliessen, zu Dero Beruhi-
gung, und zur Verhütung aller nachtheiligen
Folgen, welche aus den beyden in die Hamburgischen Nachrichten eingerückten Aufsätzen
gezogen werden könnten, Denenselben hier-
durch die Versicherung zu geben, daß ich Dieselben für einen rechtschaffenen Mann und erbaulichen Prediger halte, der sein Amt mit
Segen zu führen im Stande ist, und daß ich
alles dasjenige, was dieser Versicherung entgegen, in diesen beyden Aufsätzen Ihrer Ehre
Nachtheiliges enthalten ist, oder auch nur entweder

weder directe oder per indirectum dar=
aus gezogen werden könnte, hiemit aus=
drücklich widerrufe und zurücknehme. Wo=
bey ich Sie zugleich ersuche, dieses alles in
völlige Vergessenheit zu stellen. Nichts, als
die in der Hällischen Bibliothek gegen zwey
unschuldige Ministeria gerichteten Ausdrücke
und die dadurch verursachten und veranlaßten
Urtheile und Gerüchte haben diesen Angriff
gegen Sie veranlaßt. Da ich nun selbst er=
kenne, daß dieses Verfahren gegen Sie nicht ge=
rechtfertiget werden könne, so befolge ich durch
dieses Schreiben um so viel williger die Vor=
schrift meines Heylandes, Matth. 5, 24. in
der Hoffnung, daß Gott diesen seinen Willen
gemäßen Schritt, zur Abwendung aller nach=
theiligen Folgen segnen werde. Ich versichere
Dieselben meiner aufrichtigen Bereitwillig=
keit zu allen angenehmen Diensten, und ver=
harre ꝛc.

Hamburg, den 27 Febr. 1769.

An diesem Briefe wäre freylich noch vieles
auszusetzen gewesen, da der Herr Senior in dem=
selben sein Vergehen noch immer einigermaßen mit
seinem Unwillen über die Hällische Recension ver=
kleinern, und von keinem gehabten persönlichen
Widerwillen gegen mich, der doch so sichtbar ist,
etwas

etwas wiſſen will, und da ich gewiß nach einer ſo
groben Beleidigung eine Abbitte und Ehrenerklä=
rung in weit gemeßnern Ausdrücken zu fordern be=
rechtigt war. Allein, da doch die Hauptſache in
demſelben enthalten war; da er mich für einen recht=
ſchaffenen Mann und erbaulichen Prediger erklärte,
und alles widerrief, was dieſer Verſicherung ent=
gegen ſtünde: ſo war ich damit zu frieden: um ihm
einen Beweis meiner Bereitwilligkeit zur Verſöh=
nung und meiner billigen Denkungsart zu geben.
Ich hatte auch ſchon vorher darin nachgegeben, daß
nicht dieſer Brief ſelbſt, ſondern nur eine Nach=
richt von dem geſchehenen Widerrufe in einige öffent=
liche Blätter eingerückt würde. Allein, das mußte
ich mir nothwendig vorbehalten, dieſen Brief ſo
oft, als es mir zur Verhütung nachtheiliger Ur=
theile über dieſe Sache auch nur nöthig ſchiene,
einem jeden vorzuzeigen. Daher ſchrieb ich dem
Herrn Senior folgende Antwot:

Hochwürdiger ꝛc.

Da ich nicht der Anfänger unſrer Mißhellig=
keit bin, und bey allen den Schritten,
die ich bisher in dieſer Sache gethan, nichts
ánders geſucht habe, als meine beleidigte
Ehre in Sicherheit zu ſtellen: ſo bin ich be=
reit und willig, alles vergangene zu vergeſſen,
nachdem E. H. Ihre Anſchuldigungen in ei=
nem eigenhändigen Schreiben widerrufen ha=
ben.

ben. Die Natur der Sache erfordert es,
daß es mir frey stehen muß, dieß Schreiben
so oft vorzuzeigen, als ich es zu meiner Ver=
theidigung gegen ungleiche Urtheile über diese
Sache für nöthig finde: aber ich versichere
auf meine Ehre und Gewissen, daß ich es
nie in der Absicht thun werde, E. H. dadurch
in einigen Nachtheil zu setzen. Ich werde
vielmehr die fernere Ausbreitung dieser Sache
so viel möglich zu verhindern suchen, und es
wird mir überhaupt eine wahre Freude seyn,
wenn ich Gelegenheit erhalten kann, Denen=
selben angenehme Dienste zu leisten. Mit
diesen Gesinnungen verharre ich rc.

Bergedorf, den 28 Febr. 1769.

Die in diesem Briefe gegebenen Versicherungen
habe ich nicht allein aufs genaueste erfüllet, son=
dern auch weit mehr gethan, als nach denselben
von mir verlangt und erwartet werden konnte.
Da es Gottlob, so viel ich bemerken konnte, mei=
nem Gegner nicht gelungen war, die Gewogen=
heit meiner Obern und das Vertrauen meiner Ge=
meine gegen mich zu verringern: so fand ich eine
oftmalige Vorzeigung seines Briefes zu meiner
Vertheidigung nicht für nöthig. Ich ließ ihn da=
her nur wenige Personen sehen, gab aber zweyen
Frunden eine Abschrift davon, jedoch ohne Nä=
mensunterschrift, um sie einigen auswärtigen
Perso=

Perfonen vorzuzeigen, die fich von dem Inhalte
diefes Briefes irrige Vorftellungen machten. Ja
ich fchrieb auch felbft am 6ten März an Herrn ge-
heimen Rath Kloß, und erfuchte ihn, diefe Sache
in der Hällifchen Bibliothek nicht weiter zu berühren, weil ich meinem Gegner, da er fein Unrecht
anerkannt hätte, gern fernere Vorwürfe darüber
erfparen wollte. Demohngeachtet war doch, gewiß ohne meine Schuld, der Name meines Gegners in Hamburg allgemein bekannt geworden, ja
er ward in der Hällifchen gelehrten Zeitung vom
23ften März wiewohl mit einigem Zweifel gedruckt.
Da der Herr Senior Goeze hiebey ein tiefes
Stillfchweigen beobachtete, welches gewiß kein
Unfchuldiger gethan haben würde, noch könnte;
fo war dieß eben fo gut, als ein öffentliches Ein-
geftändniß, und es hätte mir gar nicht übel gedeu-
tet werden können, wenn ich feinen Brief von der
Zeit an jedermann gewiefen hätte. Denn fein
Name konnte dadurch nicht bekannter werden,
als er fchon war, und der Inhalt diefes Briefes gereichte ihm nicht zur Unehre, wenn die
darin geäufferten Gefinnungen aufrichtig waren.
Dennoch that ich dieß nicht, und ich habe die-
fen Brief bis auf die Herausgabe der Schrift von
der Sittlichkeit der Schaufpiele, nicht mehr als
etwa zwölf Perfonen gezeigt. Um fo viel mehr mußte
es mich Wunder nehmen, daß der Herr Senior
Goeze feit einiger Zeit anfieng zu verfuchen, ob er
mir nicht den oft erwähnten Brief wieder aus den
Händen winden könnte, und zu diefem Zwecke felbft
die

die Gewogenheit eines Mannes gegen ihn miß=
brauchte, der mir sehr verehrungswürdig ist, und
dem ich, wenn ich es auf einige Weise, ohne meine
Sicherheit aus den Händen zu geben, hätte thun
können, auch hierin gern einen Beweis meiner
Folgsamkeit gegeben hätte. Ob aber mein Gegner
gleich seine Absicht nicht erhielt, so konnte er doch
nicht ruhen; sondern trat mit der sogenannten
theologischen Untersuchung der Sittlichkeit der
heutigen teutschen Schaubühne hervor, worin er
allem dem offenbahr widerspricht, was er in jenem
Briefe versichert hatte. Was muß man von einem
Manne denken, der beym Schluß des vorigen Jah=
res auf einen Amtsbruder, der ihm nie beleidiget
hat, ein Pasquill macht, worin er ihn wegen
der jugendlichen Verfertigung einiger moralischen
Lustspiele und ehemaligen Besuchung der Schau=
bühne als den unwürdigsten Menschen vorstellt;
der einen Monath nachher zwar in der Art des Vor=
trages gefehlt zu haben bekennet, aber in der Haupt=
sache doch Recht zu haben behauptet; der abermahls
einen Monath nachher alle seine Verunglimpfun=
gen widerruft, und bezeugt, daß er diesen Amts=
bruder für einen rechtschaffenen Mann und erbau=
lichen Prediger halte, ihn bittet, seine Beleidi=
gungen zu vergessen, und von ihm diese Versiche=
rung erhält; der aber dennoch nach Verlauf von
etwa vier Monathen dreyzehn Bogen schreibt, um
zu behaupten, daß Geistliche, die auf einige Art
an der Komödie Antheil nehmen, oder genommen
haben, gewissenlose, treulose, ja bundbrüchige

und

und meineidige Menschen, offenbare Sünder,
thätige Verläugner der Religion seyn. S. S. 151.
162. 163. 41.

Wenn auch die Versicherung des Herrn Seniors wahr und aufrichtig wäre, daß er das Zeug-
niß seines Gewissens vor Gott habe, daß er niemand habe persönlich beleidigen wollen, S. 134.
so wird man doch den offenbaren Widerspruch zwi-
schen seinen Behauptungen gewiß nicht auf ein ir-
rendes und dreymahl geändertes Gewissen schieben
können: sondern es fällt gar zu offenbar in die Augen, daß er entweder in seinem Briefe an mich,
oder auch in dieser Schrift, wider seine Ueberzeugung geschrieben habe. Allein die Beweise sind
zu deutlich, wie unwahr jene so theuer gegebne
Versicherung sey. Hätte er nicht die Absicht gehabt, daß jedermann bey dieser Schrift an mich
denken sollte: so würde er die Ausfertigung derselben wenigstens so lange aufgeschoben haben, bis
sein erster Angriff auf mich von dem Publicum vergessen wäre. Sein Amt, Stand und Beruf,
worauf er sich S. 134. bezieht, verpflichtete ihn
doch wol nicht, gerade im Jahre 1769. (denn in
dem Anfange des Augustmonaths dieses Jahrs,
und nicht, wie der Titel sagt, 1770. ist diese Schrift
gedruckt) gegen die Schaubühne zu schreiben, zu-
mahl, da die Klagen über den häufigen Besuch
der Schauspiele sich am allerwenigsten auf Hamburg schicken, wo der Hang zu andern Ergötzungen die Komödie fast verdrängt. Das Hamburgische Publicum erwartete auch in dieser Schrift
natür-

natürlicher Weise Persönlichkeiten, wie der schnelle
Abgang derselben lehrt; da ihr innerer Werth,
wenn sie auch den größten hätte, gewiß nicht 200
Exemplare in wenig Stunden verkauft haben würde. Doch der Herr Senior Goeze hat auch in dieser Schrift selbst dafür gesorgt, daß seine persönlichen Absichten von keinem Leser unbemerkt bleiben
möchten. Was bewegte ihn sonst S. 149. wo die
Rede von einem Conclufo R. Ministerii wegen der
Komödien ist, eben meinen seligen Vater und den
wohlseligen Herrn Pastor Nölting zu nennen, da
er eben so gut ein jedes anderes damahls gegenwär-
tiges Mitglied des Hamburgischen Ministerii hätte
nennen können? Ja es ist ihm nicht genug, sie zu
nennen, sondern, damit er seines Zwecks auch
bey dem einfältigsten Leser nicht verfehlen möchte;
so setzt er hinzu: Ich habe besonders Ursachen,
welche mich bewegen, die Namen dieser gottseli-
gen und in Gott ruhenden Lehrer hier besonders
zu nennen. Am Ende seiner Schrift S. 201.
nimmt er die Gelegenheit wahr, bey dem, was er
von des Herrn Doctor Kölbele Gedanken abdrucken
läßt, die Anmerkung hinzuzufügen: „Ich wünschte,
„daß der Herr Verfasser auch die Frage beantwor-
„tet hätte: Darf ein Geistlicher, oder wohl gar
„ein im Amte stehender Prediger, Schauspiele
„dichten? Sie ist demselben aber daher wol nicht
„eingefallen, weil er diesen Fall kaum für möglich
„gehalten haben wird, dessen Wirklichkeit wir lei-
„der erleben müssen. Hier ist wiederum der persönliche Angriff auf mich, offenbar, da es außer
mir

B

mir von keinem jetzt lebenden Geistlichen in Teutsch=
land bekannt geworden ist, daß er Schauspiele ge=
schrieben hat. Ich schweige von den persönlichen
Anzüglichkeiten gegen den Herrn Professor Möl=
ting, da er dieselben ohne Zweifel in seiner Ver=
theidigung, die er unter Händen hat, rügen wird.
Wie stimmt aber dieß Verhalten gegen mich mit
den Versicherungen, die der Herr Senior mir in
seinem Briefe gegeben hat, überein? Und kann
wol ein nachdenkender Leser dem Urtheil dieses Man=
nes in der Entscheidung streitiger Gewissensfragen
einiges Gewicht zutrauen, der, es ist mir leid, daß
ich es sagen muß, selbst, indem er die Untersu=
chung derselben anstellt, gegen alles Gewissen, ge=
gen alle Rechtschaffenheit handelt?

Ich war daher anfänglich willens, hier die Fe=
der niederzulegen, und mich in keine Beurtheilung
der Gründe des Herrn Goeze wider die Schauspiele
einzulassen, weil ich das für eine überflüssige Ar=
beit hielt. Allein um einiger Leser willen, die durch
den wichtigen Ton, den der Herr Verfasser an=
nimmt, verführt, vielleicht seine Beweise für un=
widerleglich halten könnten, möchte es doch wol
nöthig seyn, zu zeigen, wie seicht und unbedeu=
tend diese ganze Schrift ist. Dieß kann aber in
wenigen allgemeinen Anmerkungen geschehen, ohne
dem Herrn Senior an Weitschweifigkeit ähnlich zu
werden.

Indessen wünschte ich sehr, daß ein Mann,
der der Sache gewachsen ist, der mehr Kenntniß
davon hat, als der Herr Senior sammt mir, und
mehr

mehr Zeit, darauf werden kann, als mir jetzt möglich ist, eine ausführliche Abhandlung von der Sittlichkeit der Bühne schreiben, und die gute Sache derselben in ein solches Licht stellen möchte, daß dadurch gewissenhaften Gemüthern alle Zweifel, und den erklärten Feinden des Theaters alle Ausflüchte benommen würden.

Ich werde mich so kurz als möglich fassen. Wenn ich zeige, daß mein Herr Gegner viel zu wenig Kenntniß von der Bühne habe, um davon richtig zu urtheilen; daß er nicht beweise, sondern nur declamire; daß er sich selbst hin und wieder widerspreche; daß er endlich unbestimmte und übertriebene Begriffe vom theologischen Wohlstand verrathe: so wird ein jeder Leser den Werth seiner Schrift bestimmen können.

Es würde sehr unbillig seyn, wenn man einem Geistlichen aus dem Mangel einer hinlänglichen Kenntniß der Schaubühne einen Vorwurf machen wollte, so lange derselbe in seinem Urtheil darüber bescheiden ist, und dasselbe andern nicht aufdringt. Allein, wenn er über die Sittlichkeit der Bühne entscheiden will; wenn er sich heraus nimmt, diejenigen, die nicht mit ihm einer Meinung sind, als die verworfensten Menschen vorzustellen; wenn er sich noch dazu das Ansehen giebt, als ob er alles weit besser untersucht habe, als seine sämmtlichen Vorgänger: so verändert sich die Sache sehr. Daß der Herr Senior Goeze dieß alles thue, liegt in seiner Schrift vor Augen; und dennoch ist es ganz unbeschreib-

schreiblich, wie wenig Kenntniß er von allem dem
hat, was die Bühne betrifft. Ich muß meinen
Lesern Beweise davon vorlegen.

Herr Goeze hat von dem Endzweck der
Schaubühne sehr irrige Begriffe. Er nimmt an,
daß der Hauptzweck, ja der einzige Zweck derselben, die Ausbesserung der Sitten und die Beförderung der Tugend seyn soll. Und dann ist es ihm
freylich leicht zu zeigen, daß die heutige Bühne
diesem Zwecke nicht entspricht, und daß derselbe
wenigstens durch andre Mittel besser erhalten werden kann. Aber wer hat das, was er annimmt, jemahls behauptet? Gewiß nicht die, die den Schauplatz einen Tempel der Tugend, eine Schule edler
Empfindungen nennen: denn das ist er, wenn er
nur zur Ausbreitung der Tugend und der edlen Empfindungen etwas beyträgt, ohne daß darinnen der
Hauptzweck desselben bestehen muß. Es sey immer
der Hauptzweck der Bühne die Ergötzung, wenigstens ist es der Zweck der Zuschauer; so fällt dadurch
ihr Nutzen noch gar nicht weg. Das Vergnügen soll
die Zuschauer zur Bühne führen, und unvermerkt
belehrt und gebessert sollen sie wieder weggehen.
Diesen Zweck hat das Schauspiel mit jedem Gedichte gemein: nur daß es das Herz weit stärker einnehmen, aber auch eben daher einen weit stärkern
moralischen Eindruck zurück lassen muß, indem es,
was andre Gedichte nur schildern, gleichsam wirklich darstellt. Wie sonderbar aber ist es denn,
wenn man aus einem Stücke die Hauptmoral her-
auszieht, dieselbe möglichst gering und unwichtig

vor-

vorstellt, und alsdenn fragt, ob es der Mühe werth sey, etliche Stunden aufzuopfern, um das zu lernen, was man weit geschwinder lernen kann! (S. S. 102 = 107.) Gerade, als ob die Erhohlung von ernsthaften Geschäften kein Vortheil wäre; gerade, als ob die Hauptmoral (wenn ja ein Stück eine solche hat, welches gar nicht einmahl nöthig ist) das einzige wäre, was man aus einem Schauspiele lernen könnte; gerade, als ob diese Moral ohne die theatralische Handlung einen eben so lebhaften Eindruck machen würde. Die Schaubühne ist ein wahrer Spiegel des menschlichen Lebens, und auch in diesem Verstande eine Schule der Sitten, nicht allein der guten, sondern auch der bösen. Sie zeigt die Menschen wie sie sind, entblößt die Triebfedern ihrer Handlungen, die verborgene Gewalt ihrer Leidenschaften, und flößt dem Zuschauer oft in ein Paar Stunden mehr Weltkenntniß ein, als er auf dem großen Schauplatze der Welt in etlichen Jahren erhält. Wie manche Väter und Ehemänner wird Molierens Tartüff vor den Bösewichtern gewarnt haben, die hinter der Larve der Religion die größten Schandthaten ausüben? —

Ich würde wider meine Absicht weitläuftig werden, wenn ich zeigen wollte, wie das Trauerspiel die Empfindungen des Mitleids und der Furcht erregt, und eben dadurch sie ordnen und in die gehörigen Schranken bringen lehrt; wie das eigentliche Lustspiel das Lächerliche in den Lastern und selbst in solchen Thorheiten der Menschen aufdeckt, die der ernsthafte Sittenlehrer nicht berühren kann; wie

B 3

viel

viel die mittleren Gattungen dazu beytragen, die
geselligen Empfindungen zu erhöhen, den Umgang
zu verfeinern. Es ist nicht die Frage, ob das der
Hauptzweck der Bühne sey, ob die Zuschauer des:
wegen kommen, ob alle Stücke, oder alle Theile
einzeler Stücke diese Wirkung thun: genug, wenn
man diese gute Wirkung nicht gänzlich läugnen kann;
und das thut der Herr Senior selbst nicht. Es ist
nicht die Frage, ob die Bühne nicht gemißbraucht
werden könne, das Laster liebenswürdig und die Tu:
gend menschenfeindlich oder lächerlich vorzustellen:
sondern ob dieß auf unsern heutigen guten Bühnen
wirklich geschieht; und wenn es geschieht, ob denn
der Sittenlehrer und der Theolog die Schaubühne
dieses Mißbrauchs wegen ganz verwerfen, oder ob
er an ihrer Verbesserung arbeiten, und andere dazu
aufmuntern soll?

Der Herr Senior Goeze kennt die jetzige Be:
schaffenheit des Theaters nicht, und fällt die selt:
samsten Urtheile über die Reinigung desselben.
Weil Herr Löwen in seiner Geschichte des teut:
schen Theaters, das Jahr 1728. als die Epoche
der Reinigung desselben angiebt: so stellt er sich,
als ob damit so viel gesagt und von allen Ver:
theidigern der Bühne zugegeben werde, daß vor
diesem Jahre dieselbe eine Schule des Unsinns,
des Lasters, und aller möglichen Unflätereyen ge:
wesen, aber von demselben an, mit einmal ganz
und gar von allem, was anstößig seyn kann, rein
geworden sey. S. 19. 20. 21. Wenn hat jemahls
ein Vertheidiger der Bühne so etwas abgeschmack:
tes

tes behauptet? Die Folge, die Herr Goeze macht,
ist gerade so, als wenn man, weil die Epoche der
Verbesserung der teutschen Dichtkunst von Opitz
angerechnet wird, folgern wollte, daß vor Opitzen
kein erträglicher Vers, und nach ihm lauter Mei-
sterstücke gemacht wären. Man kann nicht einmahl behaupten, daß vor 1728. die teutsche Bühne
im Ganzen genommen, der Tugend nachtheilig
gewesen sey. Man behauptet nur, daß uns vor
diesem Jahre keine Bühne bekannt ist, die sich
vom Pöbelwitz, und von den gröbsten Zoten rein
erhielt. Zu den Zeiten, da die teutschen Fürsten
noch Hofnarren hielten, und sich von denselben
dergleichen Dinge ins Gesicht sagen liessen, konnte
man das nicht anders erwarten. Aber man spielte
doch auch ernsthafte, man spielte sogar geistliche
Stücke, und selbst in den lustigen Stücken wurden doch wohl manche Thorheiten ins Licht gesetzt.
Wenigstens fehlte es auch in den damahligen Zeiten nicht an theils übersetzten theils Originalstücken,
mit welchen die Sittenlehre zufrieden seyn kann,
ob gleich der Geschmack sehr viel daran auszusetzen
hat. Selbst Gottesgelehrte hatten schon lange für
die Bühne gearbeitet, wovon ich unten Beyspiele
anführen werde. Wir müßten also geweiß weit
mehr Nachrichten von dem damaligen Theater haben, als uns bisher bekannt sind, wenn wir es
sicher entscheiden wollten, ob das moralisch schlechte
über das moralisch gute das Uebergewicht gehabt
habe. Noch sonderbahrer ist es, wenn der Herr
Gegner den Vertheidigern der Bühne andichten
will,

will, als ob sie seit dem Jahr 1728. die teutsche
Bühne aller Orten in Absicht auf die Moral ganz
rein und vollkommen ausgäben.   Die Vertheidigung der elenden Afterschauspieler, die von Jahrmarkt zu Jahrmarkt herumziehen, übernimmt kein
vernünftiger Mensch.   Man behauptet nicht einmahl, daß die guten Bühnen, deren wir in Teutschland etwa drey oder vier haben, von allem An-
stößigen ganz und gar|gereinigt seyn; man arbeitet
vielmehr daran, sie immer mehr zu reinigen.   Nur
das behauptet man, daß der moralische Nutzen,
den die guten Bühnen stiften, unendlich viel größer
sey, als der zufällige Schade, den etwa das nicht
vorsichtig genug geschilderte Laster, oder ein und
andres Unanständige in einzelen Stücken stiften
kann.   Wie will der Herr Senior bey seiner seichten Kenntniß von der Bühne das widerlegen?

 · Er gesteht selbst S. 107. daß er den Schlegel
und Cronegk nicht gelesen habe: beydes Verfaßer,
deren Stücke die reinste Moral enthalten, und
wovon doch wohl der erste, dem unsere Bühne so
viel von ihrer Bildung zu danken hat, einem jeden
bekannt seyn müßte, der über die Beschaffenheit
derselben ein Urtheil fällen will.   Wie viel weniger mag er wohl die besten theatralischen Werke
der Ausländer kennen, deren Uebersetzungen auf
unsrer Bühne doch weit häufiger als Originalstücke
aufgeführt werden.   Voltairen kann er unmöglich gelesen haben, sonst könnte er nicht S. 94.
das allgemeine Urtheil über ihn fällen, daß er auch
das Trauerspiel zum Mittel mache, Gift und

Pest

Peſt auszubreiten. Die ſtrengſte Kritik muß die meiſten theatraliſchen Werke dieſes ſonſt mit ſo großem Rechte übel berüchtigten Dichters in Abſicht auf die Moral untadelhaft finden. Da ich ſeine Werke nicht bey der Hand habe, ſo will ich mich nur auf die Zaire, die Alziere, den Chineſiſchen Waiſen berufen.

Aber wie links fallen ſelbſt die Urtheile aus, die der Herr Senior über die ihm bekannten Stücke fället. Ich muß doch ein Paar Beyſpiele davon geben. Weiſſens Romeo und Julie hält er für gefährlich, weil dieß Stück zum Selbſtmorde verleiten ſoll (S. 101.) Gerade das Gegentheil! Eben die ſchrecklichen Folgen, die der Selbſtmord des Romeo nach ſich zieht, ſchlieſſen die Lehre in ſich, daß der Selbſtmord, wenn man auch nur auf dieſe Welt ſieht, ſelbſt in dem hoffnungsloſeſten Zuſtande eine wahre Raſerey iſt, weil die Errettung aus demſelben nahe ſeyn kann. In Leſſings Minna von Barnhelm wird nach des Herrn Seniors Urtheil, Minna ſelbſt den Zuſchauern ein Weſen aus einer höhern Sphäre zu ſeyn ſcheinen. (S. 105.) Wenn das ein Lob ſeyn ſoll, wie es ſcheint, ſo wird Herr Leſſing daſſelbe ſehr verbitten, der es oft erklärt hat, daß die Weſen aus einer höhern Sphäre auf der Bühne Ungeheuer ſind. Kaum läßt Herr Goeze noch den Major und den Wachtmeiſter für auf unſerer Unterwelt mögliche Weſen gelten, und ſetzt hinzu: „Indeſſen werden „die Zuſchauer gegen die Verbindlichkeit zu gleichen „Geſinnungen und zur Nachfolge ſehr vieles einzu-

B 5   wenden

„wenden haben.„ Gerade, als ob die Menschen
das nicht gegen eine jede Pflicht hätten, die ihren
Leidenschaften widerspricht. In Gellerts Lotte-
reyloose ist ihm der dritte Auftritt des dritten Auf-
zugs anstößig, (S. 80.) obgleich der schon ein sehr
verderbtes Herz haben muß, bey dem diese, insonderheit in der neuen Ausgabe, so sehr behutsam ge-
leitete Scene einen der Tugend im geringsten nachtheiligen Eindruck macht. Dagegen liest er den
Tartüff des Moliere mit Beyfall, bis er auf die
Rede kommt, die zuletzt dem Gekrenten in den Mund
gelegt wird. (S. 38.) Also liest der Herr Senior
auch die fünfte Scene des vierten Akts mit Beyfall, wo Orgon unterm Tische ein Zeuge des schändlichen Antrages ist, der seiner Frau gemacht wird?
Viele Leute, die doch Vertheidiger des Theaters
sind, lesen dieselbe mit Unwillen.

Woher mag doch immer der Herr Senior den
Begriff vom Harlekin haben, den er sich davon
macht? Ihm ist der Harlekin ein Schalksnarr,
dessen Hauptgeschäfte darin besteht, Scherz und
Narrentheidungen, ja wol gar Zoten und Unflätereyen, oder wenigstens schlüpfrige und ärgerliche Zwendeutigkeiten zu reden, und alle seine Fä-
higkeiten anzuwenden, damit dieselben einen recht
starken Eindruck in die Seelen der Zuschauer machen mögen. Er ist ein sichtbares Werkzeug in
der Hand des Satans die Jugend zu ärgern,
durch seine bösen Geschwätze und schandbaren
Stellungen gute Sitten zu verderben, und Leicht-
sinnigkeit, Frechheit und Thorheit auf das mög-
lichste

lichste auszubreiten. S. S. 71. 72. 73. Man mag
so wenig vom Harlekin halten, als man will; in
dieser Schilderung wird man ihn doch niemahls erkennen. Wenn auch irgend ein Possenreisser, der
auf die Jahrmärkte in den Flecken herumzieht, diesem Bilde gleichen sollte, welches nicht einmahl
wahrscheinlich ist, weil wachsame Obrigkeiten das
leicht in Erfahrung bringen, und solchem Unwe-
sen steuren würden: so hätte doch der Schluß, den
man davon auf den Harlekin unserer guten Bühnen machen wollte, gar nicht den geringsten Schein.
Wenn Herr Goeze nur mit den Stücken des
Marivaux bekannt wäre; so müßte er wissen, daß
der Harlekin mit dem Bilde, das er von ihm macht,
gar nichts ähnliches hat.

Uebrigens ist es falsch und gegen den Augen-
schein, (wie sich ein jeder überzeugen kann, der
sich die Mühe geben will, etwa in den Hamburgischen Addreß-Comtoir-Nachrichten die Anzeige der
aufgeführten Stücke nachzulesen) daß in diesem
Sommer wenig Tage hingegangen sind, da nicht
der Harlekin auf dem Komödienzettel erschienen ist,
welches der Herr Senior S. 71. behauptet. Wenn
es aber auch seine Richtigkeit hätte, so würde es
in Ansehung unserer guten teutschen Bühnen nichts
beweisen, weil die eine der Schauspielergesellschaf-
ten, die diesen Sommer in Hamburg war, noch
nicht zu den guten gehört, und die andere gar nicht
einmahl eine teutsche war.

Herr Goeze scheint auch, weil er einmahl die
Besserung für den Hauptzweck der Bühne ange-
nom-

nommen hat, nicht allein gegen die Person des Harlekin, sondern auch gegen alles Lustige auf der Bühne
eingenommen zu seyn; und er wirst es einigen Ver-
fassern als eiuen Fehler vor, daß sie vornehmlich
haben belustigen wollen. S. S. 58. 62. 67. 104.
106. Ist denn alles Lustige nothwendig böse? Gewiß würde der Herr Senior manche Seiten gespart
haben, wenn er die Schrift des Herrn Justizraths
Mösers, Harlekin, oder Vertheidigung des Gro-
teske Komischen, sich bekaunt gemacht hätte. Es
sind ein Paar Bogen, die man billig lesen sollte,
ehe man über solche Sachen entscheiden will.

: Doch wie wenig der Herr Senior es sich übel
nimmt, von Dingen zu urtheilen, von welchen er
gar nichts weiß, davon sind die Pantomimen der
deutlichste Beweis. „Ich habe (so heißt es S.
23. 24.) „dergleichen nie gesehen; indessen kann ich
„mir keine andere Vorstellung davon machen, und
„dazu berechtigt mich schon der bloße Titel, als
„daß dieselben eine Art der üppigen Augenlust
„sind. — Ich glaube Gründe genug zu haben,
„zu behaupten, daß alle Pantomimen, lustige
„Nachspiele und Tänze von der Art sind, daß sie
„keine andre als schädliche Eindrücke in den See-
„len der Zuschauer hinterlassen können.„ Der Herr
Senior hat keine Pantomimen gesehen, und doch
kann er sich keine andere Vorstellung davon machen, als daß sie schlechthin böse sind. Dieß könnte
man allenfalls gelten lassen, wenn er nur diese seine
Vorstellung nicht andern aufdringen wollte, die
Pantomimen gesehen haben; weun er nur bedenken

ren wollte; daß unter diesen doch wohl einige seyn
könnten, die moralische Empfindung haben, und
Gutes und Böses zu unterscheiden wissen. Aber,
schon der bloße Titel berechtiget ihn zu diesem Urtheil. Der Titel? Das Wort Pantomime ist
doch nichts Böses. Es bezeichnet ein Stück, worin
die Gedanken bloß durch Geberden ausgedrückt werden. Muß denn das seiner Natur nach unanständig seyn? Eine Augenlust ist es freylich: aber
ist alle Augenlust in diesem Verstande verwerflich;
so ist es die Aussicht in einen schönen Garten, so ist
es die Betrachtung einer Sammlung von Gemäl-
den ebenfalls. Daß übrigens auch hier noch manches zu reinigen sey; daß sich die Schauspieler insonderheit bey den Pantomimen noch dann und
wann Freyheiten herausnehmen, die sich nicht ge-
ziemen; daß es besser wäre, wenn man statt der
so häufigen Tänze und Pantomimen, die doch das
lange nicht sind, was sie eigentlich seyn sollten, mehr
Nachspiele, (auch lustige, nur keine ungezogene)
aufführte: das werden die feinern Freunde des
Theaters ziemlich einstimmig behaupten.

Bey so weniger Kenntniß von allen, was die
Bühne angeht, konnte der Herr Senior Goeze freylich nichts Gründliches von der Sittlichkeit derselben schreiben. Daher füllt er seine Schrift statt
der Beweise mit leeren Declamationen an, die
aber doch immer Leute, welche selbst nicht nachden-
ken, und das Theater noch weniger, als der Herr
Verfasser, kennen, berauben können.

Zu solcher leeren Declamationen gehören alle
die Vorstellungen, wodurch er gewissenhafte Ge-
müther zum voraus einnehmen will, daß sie die
Bühne ohne Untersuchung verdammen sollen.
Er tadelt es selbst S. 16. an den Vertheidigern
derselben, daß sie "den Kunstgriff gebrauchen,
"denen die ihnen beystimmen, zu schmeicheln, und
"solche für einsichtsvolle Kenner des Wahren und
"Schönen, für Freunde der Vernunft und der
"Tugend, oder auf das wenigste für rechtschaffene
"Leute zu erklären; dagegen aber ihre Gegner als
"finstre und verwirrte Moralisten, ja wohl gar als
"tückische Heuchler anzuschwärzen." Und dennoch
gebraucht er diesen Kunstgriff selbst sehr häufig.
Gleich der erste Paragraph ist nichts anders. Der
Herr Senior sagt: er mache sich die gegründete
Hoffnung, daß ihm der Beyfall solcher Leser nicht
entstehen werde, die die Beurtheilung seiner Schrift
nach den Grundsätzen des göttlichen Worts, und
der darin geoffenbarten Sittenlehre abfassen werden; aber er sehe auch den Sturm schon aufstei-
gen, den diejenigen dagegen erregen werden, welche
ihre ganz besondere Ursachen haben, die Schaubühne auf alle mögliche Art, auch mit den ungerechtesten Waffen, zu vertheidigen. S. 1. 2. — Nun
wissen ja die Leser gleich, wie sie sich in Absicht
auf diesen Streit verhalten müssen. Wenn sie sich
durch die Schrift des Herrn Seniors nicht über-
zeugt finden, so ist das ein Zeichen, daß sie die
Beurtheilung derselben nicht nach den Grundsätzen des göttlichen Worts und der darin geoffenbarten

barten Sittenlehre abgefaßt haben. Aber, daß
sie sich nur ja nicht verleiten lassen, eine Widerle-
gung oder eine ungünstige Recension derselben zu
lesen! Denn die rühren sicherlich von solchen
Schriftstellern her, die ihre ganz besondern (vermuthlich ihnen sehr schimpflichen) Ursachen haben,
die Schaubühne zu vertheidigen, und die gewiß
dazu alle möglichen, auch die ungerechtesten
Waffen gebrauchen. — Aehnliche Stellen stehen
S. 12. 17. 60. 108. 159. und insonderheit S.
178: 179. Auch fehlt es dem Herrn Verfasser nicht
an manchen andern Arten von Wendungen, die
keine andere Absicht haben, als den Leser ohne
Beweis wider die Schaubühne einzunehmen. Wie
gehört die Klage über die Gleichgültigkeit in der
Religion und die feindseligen Angriffe gegen dieselbe, oder über die Vernachläßigung der christ-
lichen Theologie, und übermäßige Verehrung der
heidnischen Götterlehre, in eine Schrift über die
Sittlichkeit der Bühne, wenn nicht den Lesern unvermerkt der Wahn eingeflößt werden soll, daß
der Schauplatz etwas dazu beytrage? S. S. 2.
f. f. 74. f. f. Was ist der 21. S. von der Selbst-
prüfung und dem andächtigen Gebete auf den
Abend, welches durch Besuchung der Schauspiele
gehindert werden soll, anders, als eine leere Declamation, welcher die eigne Erfahrung so vieler
rechtschaffenen Christen widerspricht?

Der Herr Senior hat eine starke Gabe zu
Gleichnissen, und er weiß sie geschickt da unter-
zuschieben, wo man den Beweis erwartet. Man

kann

kann die Schaubühne S. 8. mit einem Vorbell, S. 12. mit einem Heuchler, S. 41. mit einem Bildersaale, worin gegen zehn untadeliche hundert ärgerliche Schildereyen sind, S. 62. mit einem von der Pest inficirten, obgleich etwas ausgeräumten Hause, S. 64. mit einigen Körnern guten Samens unter einer Handvoll Samen des Unkrauts, mit einigen Tropfen heilsamer Medicin in einem Löffel voll vergifteten Wassers, S. 82. mit feurigen und der Gesundheit der Jugend nicht zuträglichen Weinen, S. 144. mit einem Garten, den der Aufenthalt verdächtiger, und die Zusammenkünfte leichtsinniger und liederlicher Leute berüchtigt gemacht haben, verglichen finden. In keine Vergleichung aber hat Herr Goeze sich mehr verliebt, als in die, mit der großen Diana der Epheser: denn diese kömmt in diesen dreyzehn Bogen dreyzehnmahl vor. Ob aber diese Gleichnisse passen — ey, das werden ja wohl die Leser so genau nicht untersuchen.

Einen nicht sehr nachdenkenden Leser kann man leicht um den Beweis hintergehen, wenn man einem Satz, den man behauptet, einen oder etliche biblische Sprüche anhängt, worin auch nur einige Ausdrücke vorkommen, die denen ähnlich sind, mit welchen man von der Sache geredt hat. Diese Gewohnheit ist leider insonderheit auf den Kanzeln sehr gemein; aber sie ist gewiß der wahren Hochachtung gegen die heilige Schrift gar nicht beförderlich. Ich wünschte daher, daß der Herr Senior sich durch diese böse Gewohnheit nicht auch in dieser

Schrift

Schrift hätte hinteissen lassen. Auf der 44sten
Seite stehen vier Sprüche, Matth. 18, 7. Röm.
12, 2. Eph. 5, 11. 1 Joh. 2, 15. 16. die gar nicht
dahin gehören, so lange nicht erwiesen ist, daß
durch die heutigen Schauspiele Aergerniß kömmt;
daß man sich durch Besuchung derselben der Welt
auf eine sträfliche Art gleich stellt; daß sie zu den
unfruchtbaren Werken der Finsterniß gehören, und
daß sie eitle unerlaubte und sündliche Augenlust sind.
Die S. 87. angeführte Stelle 1 Pet. 4, 8. gehört
nicht dahin, so lange nicht erwiesen ist, daß der
Besuch der Schauspiele untüchtig zum Gebet mache.
Den so oft zur Beschönigung eines unweisen Eifers
gemißbrauchten Ausspruch Pauli 2 Kor. 5, 13. hätte
Herr Goeze um so viel weniger (S. 115.) anführen sollen, da die richtige Bestimmung seines Sin-
nes so vielen Schwierigkeiten unterworfen ist, und
da er, was für eine Erklärung desselben man auch
annahm, doch auf heutige Lehrer gewiß nicht anders, als mit sehr vieler Einschränkung, kann an-
gewandt werden. Das S. 187. angezogne Urtheil Jes. 5, 20. trifft die Vertheidiger der Bühne
nicht; so lange der Herr Verfasser nicht, wie er
unmittelbar vorher behauptet, bewiesen hat, noch
beweisen kann, daß die heutige Schaubühne von
allem dem, was man von ihr rühmet, gerade das
Gegentheil sey. Und das gilt auch von der gleich
folgenden Stelle 1 Tim. 3, 4.

Der größte Theil der Leser urtheilt nicht nach
Gründen, sondern nach Stimmen, und man kann
es daher einem Schriftsteller nicht verdenken, wenn

5 Dan   C   er

er die. Meinung, die er vorträgt, auch mit den
Urtheilen anderer, zumal berühmter Männer, unterstützt. Aber der Herr Senior Goeze hat die Au-
torität derer, die er für seine Meynung anführt,
schon zum voraus geschwächt, weil er S. 5. behauptet, daß die bisherigen Gegner der Bühne
dieselbe viel zu wenig kennen, noch sich die Zeit
und die Mühe genommen haben, über die Stücke,
welche auf derselben vorgestellt werden, gründliche
Untersuchungen anzustellen. Warum führt denn
Herr Goeze noch diese nach seinem eignen Urtheile
so unwichtigen Zeugen an? Vermuthlich, damit
die Leser es nicht gar zu deutlich empfinden sollen,
daß in seiner Schrift eigentlich gar nichts erwiesen ist.

Auf sechszehn Seiten S. 28-43. thut der Herr
Senior fast nichts, als daß er die Urtheile der Kirchenväter über die heidnischen Bühnen auf die christ-
lichen anwenden will. Aber den Beweis, daß sie
sich darauf schicken, sucht man vergeblich. Der
Ausspruch S. 32: „Ich bin versichert, wenn diese
„Kirchenväter wieder aufstehen, und unser Komö-
„dienwesen sehen sollten, daß sie nicht die ge-
„ringste Ursach finden würden, ihr Urtheil zu än-
„dern:„ will es nicht ausmachen. Man muß eben
so wenig Kenntniß von der heutigen Bühne, und
eben so viel Neigung, die Vertheidiger derselben
verdächtlich zu machen, besitzen, als Herr Goeze;
wenn man sich durch die kleinen Flecken, die dieselbe noch hat, berechtigt glaubt, sie mit einem
Theater zu vergleichen, auf welchem Tänze ganz
nackter

nackter Personen gesehen, und vor den Augen der
Zuschauer Hurerey und Ehebruch und allerley
Schandthaten getrieben wurden. So wenig also
hier das Ansehen der Kirchenväter etwas entscheiden kann, so wenig können es die Canones Conci-
liorum, die S. 145. angeführt werden.

Den Herrn Doctor Miller führt der Herr Senior zwar nur in der Anmerkung S. 26. an, aber
er legt ihm ein weit härteres Urtheil über die heutige Bühne bey, als derselbe je gefället hat. In
seiner ganzen Abhandlung davon steht nirgend der
Ausspruch: „Daß ein für die Bewahrung seiner
„Seele sorgfältiger Christ, die Bühne, so wie sie
„gegenwärtig ist, ohne Verletzung seines Gewissens
„nicht besuchen könne.„ Und ich weiß nicht, mit
welchem Namen ich das Verfahren nennen soll,
daß Herr Goeze diese Worte so hinschreibt, als ob
es eigne Worte des Herrn Millers wären. Dieser rechtschaffene Mann, dessen menschenfreundli-
ches Herz sich gleichsam in jeder Zeile abdrückt, die
er schreibt, ist viel zu moderat, als daß er seine
Meinung in einer solchen Sache zu einer Regel für
anderer Gewissen machen sollte. Er kleidet die
ganze Abhandlung in ein Gespräch dreyer Freunde
ein, und legt zuletzt dem Einen die Worte in den
Mund, die als das Resultat dieser Unterredung
anzusehen sind: „Wenn ich alle diese Gründe er-
„wäge, so deucht mich, fasse ich den vernünftig-
„sten und sichersten Entschluß, wenn ich noch so
„lange warte, die Schauplätze zu besuchen, bis
„die Obrigkeit dieselben nach denjenigen Regeln,

C 2   die

„die sie uns eben jetzt vorgetragen habett", selber „reiniget und anordnet". Hier steht keine Sylbe davon, daß diejenigen ihr Gewissen verletzen, die die Bühne besuchen. Herr Doctor Miller sagt nur seine Meinung, und zwar auf die bescheidenste Art. Ihn dünkt, daß es der vernünftigste und sicherste Entschluß ist, den Schauplatz nicht zu besuchen, weil er ihn noch nicht für hinlänglich gereinigt hält. Bey dieser Denkungsart würde Herr Miller gewiß am allerwenigsten ein strenger Richter derer seyn, die durch Verfertigung moralisch guter Stücke zu mehrerer Reinigung desselben etwas beytragen. Ein Mann, der so bescheiden urtheilt, kann sich, auch wenn er irrt, sichre Rechnung auf die Hochachtung derer machen, die aus guten Gründen nicht mit ihm einer Meinung sind.

Das Urtheil des Herrn Alberti über die englische Bühne und sein Auszug aus dem Britain's Remembrancer nimmt wieder acht Seiten ein, S. 49–57, da doch dasselbe, wenn auch beide Verfasser in allen Stücken recht hätten, auf unsre deutsche Bühne gar nicht angewand werden kann, weil niemand leugnen wird, daß das engländische Theater weit anstößiger ist, als das deutsche. Indessen fällt Herr Alberti in eben den Fehler, den die meisten strengen Beurtheiler der Bühne begehen, da er bloß einzelen Stücke so beurtheilt, als ob in einem jeden eine Hauptmoral liegen müßte, und als ob darauf der ganze moralische Werth eines Stückes beruhte. Die Stelle aus dem Remembrancer aber ist nichts als eine leere Declamation; den der Beweis

weis fehlt; und der Ausspruch: Heutiges Ta-
ges ist ein gutes Spiel nichts anders als ein Fall-
strick, den Züchtigen und Unschuldigen zu einer
Liebe der Schaubühne zu bewegen: der dem Herrn
Senior so wohl gefällt, daß er ihn einen vortreff-
lichen, einen ewig wahren Gedanken nennet, hat
nicht einmal einen Schein der Wahrheit.

Aber der Herr Senior läßt noch einen Zeugen
auftreten, den man freylich in einer theologischen
Untersuchung der Sittlichkeit der Schaubühne und
des Verhaltens christlicher Lehrer dagegen nicht erwarten sollte, nämlich den Kaiser Julian. Ihm
werden zwölf Seiten gewidmet. S. 135-146. Julian redet von einer Bühne, auf welcher die äusser-
sten Schandthaten getrieben wurden; von einer
Bühne, auf welcher die heidnischen Gottheiten,
deren Dienst er aufrecht erhalten wollte, lächerlich
gemacht, und als die Muster in jeder Art des Lasters vorgestellt wurden: wie geht das unsre heutige Bühne an? Aber Herr Goeze bleibt seinem
Vorurtheil getreu, als ob die heutige Bühne wenig von jener unterschieden sey: wie kann man ihm
diesen Irrthum benehmen, ehe er sie besser hat
kennen lernen? Er wird immer fragen: „Welcher
„Mensch, der seine Vernunft recht anwenden kann,
„wird den Schluß gelten lassen: weil wir einige
„Schauspiele haben, welche nach der philosophischen
„Moral unsträflich sind, und in einiger Absicht
„Nutzen stiften können; weil dieselben bisweilen
„aufgeführt werden; so ist unsre heutige Schau-
„bühne überhaupt unsträflich? u. s. w.“ S. 143. —

C 3   Aber

Aber die Vertheidiger der Bühne werden ihm immer diese Frage mit der größten Wahrheit also wieder zurück geben: „Welcher Mensch, der seine „Vernunft recht anwenden kann, wird den Schluß „gelten lassen: weil wir (unter einer so großen An= „zahl moralisch guter Stücke) einige Schauspiele „haben, welche nicht gänzlich unsträflich sind, und „in einiger Absicht Schaden stiften können; weil „dieselben noch bisweilen aufgeführt werden; so „ist unsere heutige Schaubühne überhaupt ver= „werflich?“

Ich übergehe die Urtheile des Herrn Doctor Kölbele, die vor einem halben Jahre herauskamen, und die uns der Herr Senior jetzt als eine Zugabe noch einmahl schenkt. Herr Kölbele hat in man= chen Stücken recht, aber er beweist nicht, daß die Bühne überhaupt verwerflich sey, sondern nur, daß sie ihre Mängel habe; und wer leugnet das?

Doch, so sehr auch der Herr Senior Goeze die Schwäche seiner Gründe mit Autoritäten unter= stützt, so wenig er auch seine Vorgänger verläßt; So hat er doch etwas ihm ganz Eignes, den Erweis nämlich, daß eine Schaubühne die der Tugend nicht nachtheilig wäre, schlechterdings unmöglich ist. Man kann ihn S. 65-70. lesen. Es ist frey= lich seltsam genug, die Möglichkeit einer Sache gegen diejenigen abzuläugnen, die ihre Wirklichkeit behaupten: aber es scheint, der Herr Verfasser habe gefühlt, daß er die Schaubühne, so wie sie wirklich ist, viel zu wenig kenne, um es mit den Vertheidigern derselben aufzunehmen. Aber auch

in

in diesen vermeinten Beweis von der Unmöglichkeit
einer moralisch guten Schaubühne, mischt er seine
irrigen Vorstellungen von dem Hauptzweck der
Bühne immer mit ein, und daher werden seine
Foderungen von der Beschaffenheit einer solchen
Bühne, die er diesem Beweis S. 65:68. voraus-
schickt, übertrieben, in welchen sonst manches ist,
das die eifrigsten Vertheidiger derselben schon oft
gewünscht haben. Indessen hat es doch das Ansehen, als ob der Herr Senior diesem Beweise eine
grosse Kraft zutraue, denn er sagt S. 68. „Ich
„will es ruhig erwarten, was diejenigen, die sich als
„Gegner zeigen werden, gegen folgenden Beweis
„einwenden werden.“

Es möchten also einige Einwendungen wohl
hier an ihrer rechten Stelle stehen.

Der Herr Verfasser sagt: das Erste, (daß nämlich das gemeine Wesen die Kosten zur Schaubühne hergiebt) ist bisher noch nicht geschehen und
schwerlich zu hoffen. — In Hannover ward ehe-
dem die französische Komödie lediglich auf Kosten
des Hofes unterhalten. Zur Oper schiessen viele
Höfe entweder alle, oder doch einen großen Theil
der Kosten her. Hofkomödianten erhalten, wenn
sie da spielen, wo die Hofhaltung ist, ein Gewisses
vom Hofe, wodurch sie in den Stand gesetzt werden, sich in der Wahl der Stücke weniger nach
dem Geschmack des großen Haufens zu richten.
Und warum könnte nicht auch in einer Republick
eine genugsame Anzahl bemittelter Personen zusam-
C 4 men

men treten, und durch ihren Vorschuß die Schau
spieler in diesen Stand setzen.

Es muß täglich gespielt werden. — In Leip
zig, und vielleicht an manchen andern Orten, wird
nur dreymahl in der Woche gespielt. In Hamburg
selbst, wird in 365 Tagen nicht völlig 200 mahl
gespielt. Und kommen denn deswegen eben die
selben Zuschauer an allen Tagen, da gespielt wird?
Wer alle Tage das Schauspiel besucht, versäumt
ohne Zweifel wichtigere Dinge damit. In Ham
burg aber würde kein Schauspielhaus groß genug
seyn, wenn nur der zehnte Theil der Einwohner
im Jahr zehnmal hingingen.

Die Neubersche Gesellschaft hat um den
Pöbel zu vergnügen — — sehr oft zu Haupt
und Staatsactionen ihre Zuflucht genommen.
Dieser Grund — — — behält noch immer seine
völlige Stärke. — Sind denn die sogenannten
Haupt- und Staatsactionen nothwendig der Tu
gend nachtheilig? Gewiß nicht! Man kann auch
von ihnen sagen:

Der Kenner Spott verfolget sie mit Recht
Allein sie sind nicht böse, sie sind schlecht.

Indessen ist wohl auf unsern guten Bühnen lan
ge keine mehr gesehen worden.

Was reizet den Pöbel häufig zu erscheinen?
Ich antworte mit dem Herrn Verfasser: Nicht die
Lehren der Tugend u. s. w. Aber können die nicht
mit dem was ihn reizt, dem Ergötzenden, verbun
den werden? Freylich reizt das feinere Vergnügen
den großen Haufen auch nicht sehr. Aber die Bühne

kann

kann viel dazu beytragen, seine Denkungsart zu
verfeinern.

Vor dreißig Jahren konnte noch keine deutsche Gesellschaft ohne Haupt- und Staatsactionen
subsistiren: Jetzt braucht man sie nicht mehr, und
manche Stücke, mit welchen weder der Geschmack
noch die Tugend unzufrieden seyn können, haben
den stärksten Beyfall von jeder Klasse der Zuschauer
erhalten. Barnwell ist ein unwidersprechlich
Beyspiel.

Doch genug! Der Herr Senior sieht, wie
viel auf einer einzigen Seite an dem Beweise, den
er für unwiderleglich hält, auszusetzen ist.

Ich eile zum Schlusse dieser unangenehmen
Arbeit. Ich will also nur einige der Wider-
sprüche nebeneinander hersetzen, deren Herr Goeze
sich schuldig gemacht hat. S. 102. giebt er zu, daß
Gellerts Lustspiele, ob er gleich noch manches daran
tadelt, dennoch lehrreich und angenehm sind; er
läßt dieß auch noch von einigen andern Stücken
gelten: und doch behauptet er S. 84. und an
manchen andern Orten, daß ein Christ schlechterdings kein Schauspiel sehen darf; folglich auch
diese lehrreiche Stücke nicht. —

Der Hauptvorwurf, den er an vielen Orten
der heutigen Bühne macht, ist, daß sehr wenig
unanstößige Stücke aufgeführt werden: und dennoch tadelt er an eben so vielen Orten diejenigen,
die diesem Mangel abhelfen, und moralisch gute
Stücke machen. — S. 13. gesteht er, daß man
aus der grossentheils schlechten Lebensart der Ko-

C 5   mödian-

mödianten dem Theater in Absicht auf seine Sittlichkeit keinen Vorwurf machen könne: und dennoch mischt er S. 40. und an andern Orten die
Sitten der Komödianten immer mit ein, wenn er
die Schädlichkeit des Schauplatzes erweisen will. —
S. 84. giebt er zu, und wer kann es auch läugnen?
daß einem Christen Erholungen und Ergötzungen
erlaubt sind: und dennoch erklärt er S. 67. die
Bühne, nicht allein so, wie sie ihm jetzt zu seyn
scheint, sondern auch, wenn sie nach seinen Vor-
schlägen verbessert wäre, für eine wirkliche Art des
Müßigganges. Wie widersprechend!
Es ist noch übrig, daß ich die unbestimmten
und übertriebenen Begriffe vom theologischen
Wohlstande aufdecke, die der Senior Goeze in
dem zweyten Theile dieser Schrift geäussert hat.
Er legt durch diesen zweyten Theil einen sehr deut-
lichen Beweis ab, daß er den Gründen, die er
im ersten Theil vorgetragen hat, selbst keine grosse
Stärke zutraue, und wirft sich zum unberufenen
Richter über seine Amtsbrüder auf. Denn ist es
wirklich erwiesen, daß der Schauplatz sündlich ist:
so bedarf es gewiß keiner fünf Bogen zu zeigen,
daß es einem Geistlichen nicht erlaubt ist, daran
Theil zu nehmen. Mit zwey Worten kann das gesagt werden, daß was andern sündlich ist, an
einem Geistlichen, wegen der grössern Erkenntniß,
die man bey ihm voraussetzen kann, und wegen
des grössern Einflusses, den sein Beyspiel hat,
doppelt strafbar wird. Sind und bleiben aber
Schauspiele, ungeachtet aller Declamationen dagegen

gegen eine anständige und christliche Ergötzung:
So ist, an sich betrachtet, die Theilnehmung daran
einem Geistlichen nicht unanständig, der bey seinen
wichtigen und ernsthaften Geschäften ebenfalls Erholungen nöthig hat. In wie weit er sich aber
dabey nach den Vorurtheilen seiner Zeit richten
müsse, das ist ja wohl eine Sache, die man dem
eignen Gewissen eines jeden überlassen, wenigstens
ihn deswegen nicht mit Heftigkeit tadeln muß,
wenn man sich nicht den Vorwurf zuziehen will:
Wer bist du, daß du einen fremden Knecht richtest?
Er stehet und fällt seinem HErrn.

Doch der Herr Senior hält sich alles für erlaubt. Er spricht, in Dingen, worüber die
heilige Schrift nichts entscheidet, seine Urtheile,
als ob ihm von der ganzen protestantischen Kirche
ein oberrichterliches Amt aufgetragen wäre. Es
ist ihm nicht genug zu sagen: Ich halte das für
Unrecht; nach meiner Meinung ist es wider den
Wohlstand: einen so bescheidnen Ton kennt er gar
nicht. Er spricht schlechthin: Es ist sündlich,
ärgerlich, unerträglich, gewissenlos, unverantwortlich. Beweise aber, die eine Prüfung aus-
halten, muß man hier eben so wenig, als in der
allgemeinen Untersuchung erwarten.

Der Herr Senior macht mit einer vorläufigen
Einleitung von neunzehn Seiten, S. 112-130,
die er selbst etwas weitläuftig nennt, den Anfang.
Eine Einleitung, der man es ansieht, daß sie bloß
darum da steht, um einige rechtschaffene Prediger,
die sich vielleicht die Declamationen über die Schauspiele

ſpiele nicht anziehen könnten, von einer andern
Seite zu treffen! Es werden darin alle Geiſtliche
für offenbare Uebertreter ihrer Pflichten erklärt,
die entweder ſelbſt getanzt, geſpielt, Schauſpiele
beſucht haben, oder irgend etwas davon noch thun,
oder es auch nur ihren Ehegattinnen und Kindern
erlauben. Es kann Herrn Goeze gewiß nicht unbekannt ſeyn, daß ſelbſt in dem Miniſterio, deſſen
Senior er iſt, ſehr wenig Perſonen ſind, die er
nicht durch dieſes Urtheil von der Zahl rechtſchaf-
fener Prediger ausgeſchloſſen hätte. Geſetzt einmal, es wären alle dieſe Dinge in der heiligen
Schrift ganz deutlich für ſündlich erklärt: wäre
es denn nicht die Schuldigkeit des Herrn Seniors
geweſen, ſeinen Amtsbrüdern wenigſtens vorher
ins Geheim brüderliche Vorſtellungen darüber zu
thun, ehe er öffentlich mit einer ſolchen Schrift
herausrückte? Wie viel ſchlechter aber iſt ſein Verfahren, da dieſe Dinge von ganz andrer Art ſind!
Sieht denn der Herr Senior die Folgen nicht,
die eine ſolche Schrift bey dem groſſen Haufen haben
kann? Oder ſah er ſie, und ſchrieb dennoch?

Herr Goeze verſteht die Kunſt, eben den groſſen
Haufen einzunehmen, und darin iſt dieſe ganze
Schrift, vornehmlich aber der zwente Theil der-
ſelben, ein Meiſterſtück. Solche Einfälle, wie
S. 120. von einem Prediger, der vom Spiel-
tiſche zum Todtenbette gerufen wird; oder S. 121.
von den Zuhörern, die ſich kitzeln, wenn ſie das
Glück gehabt haben, ihrem Lehrer einen Theil ſeiner
Accidenzen abzugewinnen; oder S. 183. von dem
An-

Anschlagzettel, worauf, neben dem Lustspiel eines
Predigers, ein vielleicht angezogenes Nachspiel steht;
oder So 84 von einem Beichtkinde, das sich
irgend einer Scherzrede nicht entschlagen kann, die
in einer Komödie seines Beichtvaters vorkömmt:
Solche Einfälle haben gewiß dem Herrn Verfasser
von manchen Lesern aus der allerniedrigsten Klasse
einen lauten Beyfall zuwege gebracht. Denn diese
Leute denken nicht so weit nach, um einzusehen:
daß, ich will nicht einmal sagen, ein gewisser
hafter, sondern nur ein halb redlicher Mann nicht
deswegen eher vom Todtenbette weg eilen wird,
weil er vom Spieltische dahin gerufen ist; daß
der Fall eben der seyn würde, wenn er von einem
muntern freundschaftlichen Gespräche (oder ist ihm
das etwa auch nicht erlaubt?) abgerufen wäre;
daß es, wenn es einmal erlaubt ist, eine mäßige
Summa, deren Verlust einem nicht beschwerlich
ist, aufs Spiel zu setzen (und das Gegentheil ist
noch nie erwiesen,) gleichviel ist, ob man etwas
von seinen Accidenzen oder von seinen Interessen
verliert; daß so gut etwa meine Lustspiele mit
einem schlechten Nachspiele in der Aufführung können verbunden werden, auch des Herrn Seniors
Predigten auf der Auslage im Laden, bey einem
elenden Roman liegen, oder gar von einem leicht-
sinnigen Menschen dabey gebunden werden können;
daß das Beichtkind, das durch einen anständigen
Scherz aus einem Lustspiele seines Beichtvaters
(denn unanständige Scherze darin einfließen zu
lassen, hält niemand für erlaubt) in seiner Andacht

gestört

gestört würde; eben so leicht durch einen anständigen Scherz, den er in Gesellschaft gesagt hätte, (und anständig zu scherzen wird ihm doch wohl hoffentlich nicht versagt seyn?) gestört werden könnte.

Alle solche Einfälle beweisen also nichts, als die Absicht des Herrn Verfassers, den Pöbel gegen rechtschaffene Leute einzunehmen. Darum mußten auch diejenigen, gegen die er hier schreibt, nicht als Irrende, denn das wäre noch zu glimpflich gewesen, sondern als Ruchlose, die gegen besser Wissen und Gewissen handeln, beschrieben werden. S. 117. u. a. a. O. Darum mußten Dinge, die offenbar unrecht sind, künstlich unter das, was der Gegenstand der Streitfrage ist, gemischt, und daher dem, der nicht nachdenkt, der Gedanke beygebracht werden, daß beides unzertrennlich sey. Ein Beyspiel von dieser künstlichen Mischung ist die Declamation von Entheiligung des Sonntags; S. 126-128. die in dem Munde eines Mannes um so viel ausserordentlicher klingt, der selbst nicht anders in der Kirche gesehen wird, als wenn er predigen muß. Darum mußte ohne allen Beweis, ja gegen die unläugbarsten Beyspiele vieler der rechtschaffensten und beliebtesten Prediger behauptet werden, daß ein Geistlicher, der sich die bestrittenen Ergötzungen erlaubt, nothwendig unredlich und nachläßig in seinem Amte seyn müsse. Man lese, um ein Beyspiel zu haben, mit wie seichten Gründen Herr Goeze seine Verunglimpfungen unterstützt, nur die 181. u. 182. Seite; wo dargethan

than werden soll, daß ein junger Mensch, der in seinen Schul- und Universitätsjahren Komödien schreibt, unverantwortlich handle, und unmöglich ein guter Prediger werden könne. Denn mit eben den Gründen will ich auch beweisen, daß einer der sich zum Geistlichen Amte vorbereitet, gar keine Gedichte, sie seyn von welcher Gattung sie wollen, machen darf.

Das Einzige, was einen rechtschaffenen Lehrer, der nach gewissenhafter Prüfung das Spiel, den Tanz, die Schaubühne für unschuldig erkennt, abhalten kann, sich, wenn er Erholung von seinen ernsthaften Geschäften nöthig hat, dieser Ergötzungen eben so wohl als andere zu bedienen; ist der theologische Wohlstand. Allein von dem Herrn Senior werden wir gewiß nicht lernen, was derselbe erlaube und nicht erlaube; so unbestimmt und übertrieben sind seine Begriffe davon. Der Wohlstand in Ansehung solcher Dinge, die an sich erlaubt sind, beruht auf Meinungen und Vorurtheilen der Menschen: und da diese nicht an allen Orten und zu allen Zeiten eben dieselben sind; so ist es klar, daß davon unmöglich allgemeine Regeln gegeben werden können.

Als die Damen in Hamburg zuerst anfingen mit Regenmänteln in die Kirche zu gehen: so ward das für einen großen Uebelstand gehalten. Ich selbst habe einmal eine in den Zeiten gehaltene Predigt gedruckt gesehen, worin sehr heftig dagegen geeifert ward. Vor etlichen Jahren aber, redte der Herr Senior Goeze selbst auf der Kanzel

gegen

gegen diejenigen Damen, die ohne diese beschwer-
liche und ehemals für anstößig gehaltene Tracht
in der Kirche erschienen. Mit dem theologischen
Wohlstande ist es nicht anders. Vor vierzig Jahren noch, ward es, wie mir glaubwürdig versichert ist, einem Prediger in Hamburg verdacht,
wenn er auf dem Hamburgischen Walle spazieren
ging: jetzt thut der Herr Senior es ohne Zweifel
selbst.

An manchen Orten würde es einem Prediger
als eine unerträgliche Eitelkeit ausgelegt werden,
wenn er seidene und mit Spitzen besetzte Priester-
kleider trüge: in unsern Gegenden ist das gar
nicht ungewöhnlich, und der Herr Senior selbst
macht sich kein Bedenken daraus. Tausend Exem-
pel von der Art lassen sich anführen, die beweisen,
daß Dinge, die zu gewissen Zeiten und Orten dem
theologischen Wohlstande entgegen waren, zu andern Zeiten und Orten nicht darwider streiten.
Was wird nun dadurch ausgemacht, wenn man
ohne diese gemeine herrschende Denkungsart zu er-
forschen, seine Meinungen und Vorurtheile der
ganzen Welt andichtet? Was hilfts, wenn man
noch so viel Urtheile von Theologen über diese
Sache anführt, die doch höchstens nichts anders
beweisen können, als daß zu der Zeit und an
dem Orte, da sie gelebt haben, diese Dinge für
unanständig gehalten sind. Die Stellen, die
der Herr Senior aus des berühmten Peter
Rocques Gestalt eines evangelischen Lehrers
anführet, enthalten überhaupt sehr brauchbare Vor-

schriften

schriften in Ansehung des Verhaltens eines Lehrers in seinem Umgange mit andern; aber in Absicht auf das Kartenspiel, als eine an sich erlaubte Ergötzung können sie nichts weiter beweisen, als daß vor etwa dreißig Jahren in Basel ein Prediger vorsichtiger handelte, wenn er das Kartenspiel unterließ. Das mochte damals in Basel immer seyn: in unsern Gegenden spielen viele von den rechtschaffensten und erbaulichsten Predigern, und niemand sieht, daß dadurch die Liebe ihrer Zuhörer und die Erbauung, die sie stiften, im geringsten vermindert wird. Dagegen würde es in Hamburg einem Prediger verdacht werden, wenn er in öffentlichen Gesellschaften tanzen wollte: in einer benachbarten Reichsstadt aber haben manche rechtschaffene Prediger auf Hochzeiten getanzt, ja so gar selbst ihre eigne Hochzeit mit Musik und Tanz gefeiert. In Hamburg würde es vielleicht ein nachtheiliges Aufsehen machen, wenn daselbst im Predigamte stehende Geistliche (denn von Candidaten ist es so gewöhlich, daß kein Mensch darauf sieht) in die Komödie gingen: in Kiel sieht man, insonderheit im Umschlage, sehr viele Prediger darin. Vielleicht mag es einen Ort in der Welt geben, wo es einen nachtheiligen Einfluß in die Amtsführung der Prediger haben könnte, wenn ihre Ehegattinnen und Kinder Bälle und Schauspiele besuchten: in Hamburg geschieht dieß gewiß ohne alle nachtheilige Folgen.

Doch Herr Goeze hält nicht allein diese Dinge schlechterdings einem Geistlichen für unerlaubt,

D

son-

sondern noch viel mehr. Er stimmt S. 116. nicht
nur denen bey, die es jenem Altdorfischen Prediger
verdachten, daß er auf einem Schlitten spazieren fuhr; sondern er tadelt es selbst S. 177.
an einem Prediger, wenn er auf einem öffentlichen Spazịergang ein paar honette Frauenzim-
mer, die nicht zu seinen nächsten Anverwandtinnen
gehören, am Arme führt. Verdient das Wie-
derlegung?

Mich dünkt, daß es diese angeführten Beyspiele klar genug machen, daß man den theologischen Wohlstand in keine allgemeine Regeln fassen
kann, und daß man es einem jeden gewissenhaften
Lehrer selbst überlassen muß, zu urtheilen, was er von
allen solchen an sich erlaubten Ergötzungen, ohne das
Vertrauen seiner Zuhörer zu vermindern, geniessen
könne, und was er sich davon versagen müsse.

Anders würde freylich der Fall seyn, wenn ein
Geistlicher durch irgend eine äusserliche rechtmäßige
Verpflichtung zur Vermeidung dieser Dinge sich
verbindlich gemacht hätte. Und das ists, was der
Hamburgische Herr Senior seine Leser so gern überreden wollte, um einige Lehrer, die sich diese Ergötzungen erlauben, oder als Candidaten erlaubt haben,
als Bundbrüchige und Meineidige vorstellen zu
können. Man sehe die Seiten 148:156. und
162. 163.

Die ganze Sache kömmt auf ein im Jahre 1749
abgefaßtes Conclusum R. Ministerii Hamburgensis
an, welches nach dem Vorgeben des Herrn Seniors
ein Gesetz ist, (so nennt er es zwar nicht in dieser
Schrift

Schrift, aber doch in seinem zweyten Zeitungs=
aufsaße gegen mich ausdrücklich) worauf, ebenfalls
nach seinem Vorgeben, alle Candidaten dieses
Ministerii mit eidlicher Zusage verpflichtet werden,
und welches sie so gar noch alsdann verpflichten soll,
wenn sie im Amte stehen. Ich muß meinen Lesern
zeigen, was für eine Bewandniß es damit habe.

Gesetzt einmahl, daß dieß Conclusum die völli=
ge Kraft eines Gesetzes hätte: so würde doch das
nicht daraus folgen, was Herr Goeze daraus er=
zwingen will.

Denn erstlich ist es falsch, daß die Candida=
ten zur Erfüllung desselben durch eine eidliche Zu=
sage verpflichtet werden. Wenigstens habe ich
und neun andere Candidaten, die mit mir zugleich
aufgenommen wurden, keine Sylbe die einem
Eide, oder einem eidlichen Versprechen ähnlich
sieht, ausgesprochen, oder unterschrieben. Und
der Herr Senior kann dieß schwerlich aus einer
andern Ursache erdichten, als um den schändlichen
Vorwurf des Meineides seinen Amtsbrüdern ma=
chen zu können.

Zweytens wird darin nicht schlechterdings ge=
sagt, daß man nicht Karten spielen, sondern nur,
daß man nicht das Kartenspiel lieben soll; welches
eben so unterschiedene Dinge sind, als mäßig Wein
trinken, und den Trunk lieben; und daraus wird
es schon wahrscheinlich, daß auch in Ansehung der
Komödien die Meinung der damahligen Glieder
des Ministerii nicht gewesen sey, daß man sie gänz=
lich meiden, sondern nur, daß man sie nicht zu

häu=

häufig besuchen solle. Zudem mag vielleicht damals eine sehr schlechte Schauspielergesellschaft in
Hamburg gewesen seyn, so daß diese Vorschrift
gar nicht auf alle Komödien auszudehnen ist. Was
der Herr Senior in Ansehung des Jahres 1728,
und der von demselben vermuthlich anzurechnenden
gänzlichen Reinigung aller Bühnen sagt, ist schon
oben widerlegt.

Drittens erhellt es auch aus der bekannten
Denkungsart vieler damahligen und jetzigen Mit-
glieder des Hamburgischen Ministerii, daß dieser
Vorschrift keine solche Ausdehnung gegeben werden
müsse. Weil Herr Goeze in der Anmerkung meinen seligen Vater anführt, so will ich mich nur
auf das Verhalten desselben beziehen. Wenn
er dieß Conclusum Ministerii gethan, so hat
er es gewiß nicht in dem strengsten Verstande genommen. Er hielt das Spiel keinesweges für
schlechterdings unerlaubt, sondern er nahm bisweilen selbst zur Erhohlung eine Spielische
Platz. Er besuchte bey seiner Vielfältigkeit in Hamburg die Oper, als er schon zu Hamburg im Pre-
digtamte stand. Er erlaubte mir in die Komödie
und in die Nicolinische Pantomime zu gehen, und
billigte es zugleich, daß mein Informator, ein Candidat der Gottesgelahrtheit mich dahin begleitete.
Eben so dachte er auch in Ansehung des Tanzes,
und versagte mir das Vergnügen nicht, reichen
Bällen beyzuwohnen. Hoffentlich wird der Herr
Senior es nicht wagen zu behaupten, daß dieß
Verhalten dem Nachruhm meines Vaters und dem

geseg-

gesegneten Andenken, worin er noch immer bey seiner Gemeine steht, auf einige Weise nachtheilig seyn. Aber billig hätte er sich darnach erst erkundigen sollen, ehe er die Anmerkung S. 149. nieschrieb.

Viertens hat das ganze Verhalten des Hamburgischen Ministerii gegen die Candidaten bisher immer gewiesen, daß es diese Vorschrift in so strengem Sinne keinesweges nehme. Freylich kann es keine gerichtliche Untersuchungen darüber anstellen, aber wenn ein Candidat es gar nicht verhehlt, daß er die Komödie besucht und Karten spielt, wie ich und viele andere nie gethan haben; so müßte man ihnen doch deswegen wenigstens Vorstellungen thun. Mir aber ist dieß nie geschehen. Gewiß hätte es sich weit besser für den Herrn Senior, auch ohne Auftrag des Ministerii, geschickt, wenn er mir, zu der Zeit, da ich noch als Candidat unter ihm stand, deswegen eine mündliche Erinnerung gegeben hätte; als daß er jetzt, da dieß Verhältniß unter uns gänzlich aufgehört hat, sich heraus nimmt, mich auf mannigfaltige Art öffentlich deswegen zur Rede zu stellen.

Endlich hat es gar nicht den geringsten Schein, was Herr Goeze S. 196. behauptet, daß diese Vorschrift annoch einen jeden im Amte stehenden Prediger verpflichte, und also auch einen solchen, der mit dem Hamburgischen Ministerio in keiner Verbindung mehr steht. Denn so bald dieser aus der Verbindung mit demselben tritt, kann es ja

keine

keine Folgsamkeit gegen seine Vorschristen mehr
von ihm forbern.

Ich habe bisher gezeigt, daß aus diesem Con-
clulo R. Ministerii Hamburgensis, wenn es auch ein
völlig verbindliches Gesetz wäre, doch das nicht
fliessen würde, was der Herr Senior daraus her-
leiten will. Aber hat denn das Hochehrwürdige
Ministerium zu Hamburg die Macht, den Candidaten Gesetze vorzuschreiben, oder gewisse Be-
dingungen vestzusetzen, unter welchen es dieselben
aufnehmen will? Oder ist dieser Schluß am
gehörigen Orts bestätigt, und ihm die Kraft eines
Gesetzes beygelegt? Keines von beiden. Die
Macht, den Candidaten Gesetze vorzuschreiben,
gehört unstreitig zu den Consistorialrechten, die
das Hamburgische Ministerium sich auf keine Weise
zueignen kann; und dem Hochweisen Rath der
Stadt Hamburg ist dieser Schluß des Ministerii
nie präsentirt, noch weniger von demselben gebilligt
und am allerwenigsten in ein Gesetz verwandelt.
Dies ganze Conclusum ist also nichts anders, und
kann nach der Absicht derer, die es abfaßten, nichts
anders seyn, als ein guter Rath, den das Ministerium den Candidaten gab; der vielleicht durch
den damahligen Mißbrauch unschuldiger Ergötzungen sehr nöthig gemacht ward; gegen welchen aber
dem Candidaten unmöglich eine blinde Folgsamkeit
ohne oder wider seine eigne Ueberzeugung obliegen
kann. Wie soll man nun aber das Verfahren eines
Mannes nennen, der dies alles doch nothwendig
wissen muß, dem die Gränzen der Befugnisse des

Ham-

Hamburgischen Ministerii, unmöglich unbekannt
seyn können; und der dennoch sich nicht schämet,
solche offenbahre Unwahrheiten öffentlich drucken
zu lassen, damit er nur seine feindseligen Zwecke
erreichen möge?

Ich kehre wieder zur Hauptsache zurück. Da
der theologische Wohlstand sich in keine allgemeine
Regeln fassen läßt; so wird sich auch die zweyte
Frage, die der Herr Senior aufwirft, und bey
welcher ich, da sie am nächsten auf mich zielet, nur
nach stehen bleiben will, nicht allgemein entscheiden
lassen: ob nämlich ein Geistlicher, ohne diesen Wohlstand zu beleidigen, Schauspiele schreiben, und
solche aufführen und drucken lassen könne. So
viel aber ist wohl klar, daß einen jungen Menschen,
der sich erst auf Schulen und Academien zum Lehramt vorbereitet, keine Betrachtung eines theologischen Wohlstandes abhalten dürfe, wenn er zu dieser erlaubten Erholung von ernsthaften Geschäften
Neigung und Fähigkeit hat. Dagegen könnte ein
wirklich im Lehramte stehender Prediger, wenn er
Schauspiele, zumal wenn er deren viele schreiben wollte, leicht den Verdacht gegen sich erregen,
daß er Arbeiten, die eine nähere Beziehung auf
sein Amt haben, versäume. Ich gebe auch gern
zu, daß bey der jetzt herrschenden Denkungsart ein
junger Prediger, dessen Ansehen bey seiner Gemeine
noch nicht so vest gesetzt seyn kann, daß er nicht
manche nachtheilige Urtheile darüber besorgen müßte,
nicht wohl thut, wenn er Schauspiele, die er ehe-
dem verfertigt hat, unter seinem Namen bekannt

macht.

macht. Ich würde daher meine Lustspiele weder
den Komödianten noch der Presse überlassen haben,
wenn ich nicht gehofft hätte, daß mein Name ver-
schwiegen bleiben würde; und ich bin mit denen
sehr schlecht zufrieden, die ihn zuerst bekannt gemacht haben; am schlechtesten aber mit dem, der
ihn durch seinen hämischen Spott möglichst ausge-
breitet hat. Nach Verlauf einer Reihe von Jahren würde ich mir vielleicht kein Bedenken mehr
gemacht haben, mich freywillig zu nennen. Da
es aber einmal jetzt wider meinen Willen bekannt
geworden ist: so beruhige ich mich damit, daß ich
mich dieser Stücke, (deren poetischen Werth oder
Unwerth ich gern dem Urtheil eines jeden überlasse)
in Absicht auf ihren moralischen Werth nicht zu
schämen habe; und daß ich einen jeden sicher auf-
fordern kann, mir in meiner Amtsführung irgend
eine Spur von Leichtsinns und des Reiz in den
Geschäften derselben zu zeigen, die nach dem lieb-
losen Urtheil des Hamburgischen Herrn Seniors
nothwendige Folgen davon seyn sollen.

Indessen ist es mir doch auch um mancher Leute
willen angenehm, daß die Verfertigung und Bekanntmachung der Schauspiele eines geistlichen Verfassers keine so unerhörte Sache ist, als Herr Goeze
seine Leser es gern überreden will. In seiner ganzen Schrift von der Geistlichkeit der Schaubühne
stellt er sich, als ob dieser Fall gar niemals gewesen, ja kaum für möglich gehalten wäre. In seinem ersten Zeitungsaufsatze aber gab er mir doch
einen Vorgänger; aber gewiß nicht ohne Absicht

nur

nur einen Riemer, weil der Vorgang dieses Ver=
fassers so vieler seltsamen Schriften seinem Nach=
folger verächtlich machen sollte. Um dieß grund=
falsche Vorgeben zu widerlegen: will ich hier ein
Verzeichniß von einigen Predigern in Deutschland
hersetzen, die Schauspiele geschrieben haben. Ich
habe dieß Verzeichniß nur flüchtig aus Gottscheds
Vorrath zur Geschichte der teutschen dramati=
schen Dichtkunst ausgezogen, und es liesse sich
allerdings noch sehr vermehren.

Zuerst setze ich die berühmtern Namen; und
bey diesem will ich auch die Stücke, die ich von
ihnen habe, zugleich anzeigen.

Aegidius Hunnius, Doctor der Gottesge=
lahrheit und Generalsuperintendent in Altenburg,
schrieb zwo lateinische Komödien, Josephus und
Ruth, wovon die erste ebenfalls durch einen Pre=
diger, M. Johann Schlupp, Diakonum zu
Schlotberg, ins Teutsche übersetzt ist.

Daniel Cramerus, Doctor der Gottesge=
lahrheit, Assessor Consistorii, Pastor und In=
spector des Gymnasii in Stettin, schrieb zwo la=
teinische Komödien, Areteugenia und Plagium,
die beyde durch Johann Sommer, Pfarrer zu
Osterweddingen, ins Teutsche übersetzt sind.

Samuel Schelwig, Doctor der Gottesge=
lahrheit, Pastor und Professor in Danzig, schrieb
als er noch Professor in Thoren war, eine Komö=
die in teutscher Sprache, Timon, oder der Miß=
brauch des Reichthums, und ließ sie daselbst auf
dem öffentlichen Schauplatze aufführen.   Dieß

hinderte seinen Ruf zum Predigamte nach Danzig gar nicht.

Johann Rist, Prediger zu Soltwedel an der Elbe und Mecklenburgischer Kirchenrath, schrieb viele teutsche Schauspiele, von welchen ich folgende im Gottsched angemerkt finde: Das Friede wünschende Teutschland, Herodes, Wallenstein und Gustav, Polymachia, Irenochorus, Berosiana, Begamina, der studentische Perseus, Guiscardus.

Barthold Ringwald, Pfarrer zu Langfeld, den ich Rißen beyfüge, weil wir auch von ihm annoch in unsern Gesangbüchern Lieder haben, schrieb zwo teutsche Komödien, Speculum Mundi, und Himmelsfreud und Höllenpein.

Von den übrigen will ich nur die Namen und Aemter hersetzen.

Paul Rebhun, Pfarrer zu Oelsnitz und Superintendent im Amt Vogtsberg.

Johann Schurwald, Prediger zu Dalzig im Stift Merseburg.

Thomas Birken, Pfarrer zu Unterürkheim im Würtenbergischen.

Josua Poner, Pfarrer und Superintendent in Arnstadt.

Christoph Lasius, Pfarrer zu Spandau.

Johann Sanders, Pfarrer zu Adenstedt im Magdeburgischen.

Joachim Lonemann, Prediger in der Sydenburg.

Melchior Neukirch, Pastor in Braunschweig.

Zacharias

Zacharias Rivander, D. d. G. G., Pfarrer und Superintendent in Bischofswerde.

Joh. Cuno, Diakonus zu Kalbe an der Saale.

Ambrosius Pape, Pfarrer zu Ammensleben im Magdeburgischen.

Johann Schrader, Pfarrer zu Renkersleben.

Balthaser Schnurr, Pfarrer zu Amlishayn.

Mich. Johannsen, Prediger in der Alten-Gam.

Johann Riemer, D. d. G. G. und Pastor in Hamburg.

Johann Jacobi, Pfarrer zu Marienthal. — Alle diese Männer haben im sechszehnten und siebenzehnten Jahrhundert, und also zu einer Zeit fürs Theater geschrieben, da es noch weit von dem Grade der Reinigkeit entfernt war, zu welchem es jetzt gelangt ist; und da also sich weit scheinbarere Einwendungen gegen die Theilnehmung eines Geistlichen an demselben machen ließen, als zu unsern Zeiten. Herr Goeze kann auch die Ausflucht nicht machen, daß die Stücke dieser Verfasser größtentheils geistliche Komödien wären. Denn theils sind sehr viele, ja die meisten keines geistlichen Inhalts; theils erklärt er ja schlechterdings die Verfertigung aller Komödien, auch von dem unsträflichsten Inhalt für unerlaubt, und den Fall für unerhört, daß ein Geistlicher sich damit beschäftigt hat.

Was werden nun meine Leser von der Schrift des Herrn Senior Goeze urtheilen? — Ohnezweifel bin ich für die meisten von ihnen, die das Unbedeutende und Falsche in derselben ohnehin fühlen, viel zu weitläuftig gewesen. Aber viele werden

den es mir doch auch Dank wissen, daß ich ihnen
die Hand gebothen habe, sich durch die kühnen Be=
hauptungen, durch die künstlichen Wendungen,
und durch die feierlichen Ausrufungen des Herrn
Verfassers hindurch zu finden. Alle werden es mir,
wie ich hoffe, zugestehen, daß ich, da ich einmal
bey einem Angriffe von dieser Art nicht schweigen
konnte, mit aller der Mäßigung, die, auch in
Vertheidigung gegen den ungerechtesten Angriff
unsere Pflicht bleibt, geschrieben habe. Schwer=
lich werde ich mich entschliessen, in dieser Sache
die Feder wieder anzusetzen, der Herr Senior mag
auch schreiben und drucken lassen, was er will.
Mir wird es lieb seyn, wenn er, wie er in der
Vorrede sich erbeut, die bloß als möglich angegeb=
nen Fälle, die ihm aber nachher als wirklich be=
kannt geworden sind, noch näher bestimmt, mit
Zusätzen vermehrt, und gerichtlich erweiset. Denn
es ist nicht unmöglich, daß Leute, die mich nicht
kennen, auf die Gedanken gerathen, als ob einige
Fälle, die er von einem nicht bloß nach seinem
Wahne, sondern offenbar strafbarem Verhalten
geistlicher Personen anführt, von mir hergenom=
men wären. Er mag auch immer, wenn er es
wagen will, seine Schrift samnt der meinigen eini=
gen theologischen Facultäten zuschicken, um sich
ihre Gutachten zu erbitten. Sollte es ihm aber,
welches doch schwerlich zu erwarten steht, gelingen,
von einer oder der andern ein Responsum nach sei=
nem Sinne zu erhalten: so würde ich nichts anders
thun, als vier Bedenken, die schon im Jahr 1687.

und

und also lange vor der Reinigung der teutschen
Bühne wegen der Opern abgefaßt sind, und die
ich itzt in Händen habe, durch eine neue Auflage
gemeiner machen. Diese vier Bedenken; deren eins
von der theologischen Facultät zu Wittenberg, das
andre von dem s. D. Johann Friederich Mayer,
das dritte von der Juristenfacultät zu Wittenberg,
und das vierte gemeinschaftlich von der theologischen
und juristischen Facultät zu Rostock abgefaßt ist;
billigen alle einstimmig die Opern und Komödien,
und führen zur Bestättigung ihres Ausspruchs
theils Geistliche, die Komödien verfertigt haben,
theils Zeugnisse unserer Gottesgelehrten, insonderheit unsers grossen Luthers an, der in unterschied-
lichen Stellen seiner Schriften die Komödien nicht
allein vertheidigt, sondern auch angepriesen, und sich
also, wenn wir Herrn Goeze glauben wollen, auch
einer thätigen Verläugnung der Religion schuldig
gemacht hat. Was würde nun dadurch ausgemacht
seyn, wenn wir Bedenken gegen Bedenken hätten?
Nichts anders, als daß die Urtheile der Menschen
über Dinge von dieser Art schwerlich zur Ueberein-
stimmung zu bringen sind.

Ich muß den Herrn Senior zum Beschluß an
einige Fragen erinnern, worüber er wohl Gutachten bey theologischen und auch bey juristischen
Facultäten suchen könnte: Fragen, die von der
Art sind, daß die Gutachten darüber gewiß sehr
übereinstimmend ausfallen müssen; und über welche
ihm dennoch eine Entscheidung angesehener Männer sehr brauchbar seyn würde. Nämlich:

Ob

Ob es für einen bloßen Uebereilungsfehler bloße geachtet werden, wenn ein Prediger auf den andern wegen jugendlicher Verfertigung einiger moralischen Lustspiele ein Pasquill macht, und dasselbe drucken läßt?

Ob derselbe, wenn er dieß Vergehen dafür ausgiebt, nicht seine Schuld noch vergrössere?

Ob er nicht dadurch ein weit schwerers Aergerniß gebe, als wenn er ganze Bände voll Possenspiele schriebe?

Ob es einem Prediger erlaubt sey, Gesetze und eidliche Verpflichtungen auf dieselben zu erdichten, um nur seine Amtsbrüder des Meineids beschuldigen zu können?

Es mag an diesen genug seyn! Wird der Herr Senior die Antworten, die er darauf erhält, auch durch den Druck bekannt machen?